销售管理现状与发展研究

郭 瑜 著

云南人民出版社

图书在版编目（CIP）数据

销售管理现状与发展研究／郭瑜著. -- 昆明：云
南人民出版社，2025. 1. -- ISBN 978-7-222-23594-6

Ⅰ. F713.3

中国国家版本馆 CIP 数据核字第 2024BB9517 号

组稿统筹：冯　琰
责任编辑：武　坤
责任校对：王曦云
封面设计：李　杰
责任印制：窦雪松

销售管理现状与发展研究
XIAOSHOU GUANLI XIANZHUANG YU FAZHAN YANJIU

郭　瑜　著

出　版　云南人民出版社
发　行　云南人民出版社
地　址　昆明市环城西路 609 号
邮　编　650034
网　址　www. ynpph. com. cn
E-mail　ynrms@ sina. com
开　本　787 mm× 1092 mm　1/16
印　张　12. 5
字　数　210 千
版　次　2025 年 1 月第 1 版第 1 次印刷
印　刷　唐山唐文印刷有限公司
书　号　ISBN 978-7-222-23594-6
定　价　78. 00 元

云南人民出版社微信公众号

如需购买图书、反馈意见、请与我社联系

总编室：0871-6410912　发行部：0871-64108507　审校部：0871-64164626　印制部：0871-64191534

销售管理是企业运作中的关键环节，其现状和发展趋势直接影响企业的市场竞争力和盈利能力。目前，销售管理面临许多挑战和机遇，需要企业不断调整和优化其管理策略，以应对日益复杂的市场环境。在技术应用方面，数字化和信息化的快速发展使得销售管理工具和系统更加智能化和高效化。企业普遍采用客户关系管理（CRM）系统、大数据分析和人工智能技术来优化销售流程，提高销售效率，增强客户体验。然而，尽管技术手段在销售管理中发挥了重要作用，但其应用也面临着技术更新快、系统整合难度大等问题。

企业更加重视与客户建立长期稳定的关系，通过精准营销和个性化服务来提升客户满意度和忠诚度。企业通过细分市场、分析客户需求和行为，制订有针对性的营销策略，提高客户转化率和复购率。同时，客户关系管理也面临着数据隐私保护和客户信息安全等问题，需要企业在管理过程中谨慎应对。企业越来越重视销售人员的专业素质和能力提升，通过培训和激励机制来激发销售团队的积极性和创造力。企业通过提供系统化的培训课程、职业发展规划和绩效奖励机制，培养一支高效、专业的销售团队。然而，销售团队的高流动性和竞争压力也给企业带来了人员管理方面的挑战。

本书旨在系统阐述销售管理领域的理论基础和实践经验，以帮助销售管理者、从业人员和学习者深入了解销售管理的重要性、原理和方法，从而提高销售绩效，实现销售目标。全书涵盖了销售管理的各个方面。第一章至第四章介绍了销售管理的定义、作用、基本原理、发展趋势、重要性和应用领域，以及销售策略与规划、销售组织与团队建设、销售渠道与网络建设等内容。第五章至第八章探讨了客户关系管理、销售技巧与沟通、销售数据分析与预测、销售管理中的问题与挑战等内容。第九章和第十章关注了销售管理的创新与发展、销售管理的伦理与社会责任等议题。本书内容涵盖销售战略的制订、销售团队的建设与管理、客户关系管理等多个方面，适用于市场营销相关专业的学生、研究者和从业人员。本书每章均包含详细的理论阐述和实践案例，旨在帮助读者深入理解销售管理的核心概念和实践技巧。

　　作者在写作本书的过程中，借鉴了许多前辈的研究成果，在此表示衷心的感谢。由于本书需要探究的层面比较深，作者对一些相关问题的研究不够透彻，加之写作时间仓促，书中难免存在不妥和疏漏之处，恳请前辈、同行以及广大读者斧正。

湖北工程学院新技术学院

郭　瑜

CONTENTS

目 录

第一章 销售管理概述 ·· 1

　第一节 销售管理的定义和作用 ····················· 1

　第二节 销售管理的基本原理 ······················· 5

　第三节 销售管理的发展趋势 ······················· 10

　第四节 销售管理的重要性和应用领域 ··········· 16

第二章 销售策略与规划 ······································ 20

　第一节 销售策略的制订 ····························· 20

　第二节 销售计划的编制 ····························· 25

　第三节 销售目标的设定 ····························· 29

　第四节 销售策略与规划的实施与评估 ··········· 32

第三章 销售组织与团队建设 ······························ 36

　第一节 销售组织的结构与职责分工 ············· 36

　第二节 销售团队的建设与激励 ··················· 40

　第三节 销售人员的培训与发展 ··················· 56

　第四节 销售绩效评估与管理 ······················ 66

第四章 销售渠道与网络建设 ······························ 79

　第一节 销售渠道的选择与管理 ··················· 79

　第二节 销售网络的建设与拓展 ··················· 87

　第三节 电子商务在销售渠道中的应用 ··········· 96

　第四节 销售渠道与网络的优化与升级 ··········· 99

第五章 客户关系管理 ·· 104

　第一节 客户关系管理的概念与意义 ············· 104

第二节　客户关系管理的基本原则 ……………………………… 106

第三节　客户关系管理的实施与运作 …………………………… 108

第四节　客户关系管理的效果评估与改进 ……………………… 114

第六章　销售技巧与沟通 …………………………………………… 119

第一节　销售技巧的基本要素 …………………………………… 119

第二节　销售沟通的方法与技巧 ………………………………… 123

第三节　销售谈判的策略与技巧 ………………………………… 134

第四节　销售技巧与沟通在实际销售中的应用 ………………… 140

第七章　销售数据分析与预测 ……………………………………… 143

第一节　销售数据的收集与整理 ………………………………… 143

第二节　销售数据分析的方法与工具 …………………………… 147

第三节　销售预测的原理与实践 ………………………………… 151

第四节　销售数据分析与预测在决策中的应用 ………………… 155

第八章　销售管理中的问题与挑战 ………………………………… 160

第一节　销售管理中常见的问题与困难 ………………………… 160

第二节　销售管理中的风险与挑战 ……………………………… 163

第三节　销售管理中的应对策略与方法 ………………………… 167

第九章　销售管理的创新与发展 …………………………………… 170

第一节　销售管理的创新理念与实践 …………………………… 170

第二节　销售管理的数字化转型与智能化发展 ………………… 175

第三节　销售管理的持续改进与优化 …………………………… 179

第十章　销售管理的伦理与社会责任 ……………………………… 183

第一节　销售管理中的伦理道德标准 …………………………… 183

第二节　销售管理中的社会责任意识 …………………………… 186

第三节　销售管理中的合规性与法律风险 ……………………… 188

参考文献 ……………………………………………………………… 193

第一章　销售管理概述

第一节　销售管理的定义和作用

一、销售管理的定义

销售管理涵盖了对销售人员、销售活动以及销售过程的全面管理。西方学者和我国学者对销售管理的定义和理解存在一定的差异，主要体现在对销售管理范畴的广义和狭义的认识上。西方学者普遍认为，销售管理主要是对销售人员的管理。他们强调销售管理涵盖了对销售队伍的目标、战略、结构、规模和报酬等方面的设计和控制。例如，菲利普·科特勒认为销售管理涉及对销售队伍的多个方面进行设计和控制，以确保其达到企业预期的销售目标。而约瑟夫·P.瓦卡罗则强调，销售管理的核心在于解决销售过程中出现的问题，销售经理需要具备丰富的知识和经验，以应对各种挑战和机遇。此外，拉尔夫·W.杰克逊和罗伯特·D.特里奇在其著作《销售管理》中将销售管理定义为对人员推销活动的计划、指挥和监督。

相比之下，我国学者对销售管理的理解更加广义。他们认为销售管理不仅仅涉及对销售人员的管理，还包括对企业销售活动的规划、指导、控制和评估。例如，李先国等人将销售管理定义为管理直接实现销售收入的过程，强调了销售管理与企业整体销售活动的紧密关联。欧阳小珍等人则将销售管理理解为对企业销售活动的全面管理，旨在满足顾客需求的同时实现企业目标，重点在于对人员销售的管理。销售管理的广义和狭义之分也反映了不同国家和地区对销售活动的认知和发展水平。在我国，由于市场经济的发展不够完善，企业中的营销活动划分相对较为模糊，销售活动涵盖的范围较广，因此大多数学者更倾向于将销售管理理解为广义的销售活动的综合管理。而在西方发达国家，由于市场发展较为成熟，企业的营销职能部门划分较为详细，因此更倾向于将销售管理理解为狭义的以销售人员为中心的管理。

二、销售管理的作用

（一）搞好销售管理，能使企业再生产顺利进行

销售管理在企业再生产中起着推动销售的关键作用。企业生产出来的产品如果无法销售出去，将会导致产品的积压和滞销，进而妨碍资金的回笼和再投资，阻碍了生产过程的连续进行。销售管理通过制订有效的销售策略、拓展销售渠道、加强市场营销等手段，促进产品的销售，保障了企业产品的流通和销售收入的获取，为企业再生产提供了稳定的资金来源和市场需求。销售管理有助于提高产品的市场竞争力和客户满意度。通过销售管理，企业能够更好地了解市场需求和客户需求，及时调整产品结构和服务内容，提高产品的质量和性能，增强产品的竞争力。同时，销售管理还可以通过建立良好的客户关系、提供个性化的服务等方式，提升客户的满意度和忠诚度，增加客户重复购买率和口碑传播，进而促进产品的销售和市场份额的提升。

销售管理可以优化供应链和库存管理，提高企业的运营效率和资金利用率。通过销售管理的有效规划和预测，企业能够更准确地掌握市场需求和销售趋势，合理安排生产计划和供应链调配，减少库存积压和资金占用，降低经营风险。同时，销售管理还可以通过与供应商和分销商的密切合作，优化供应链管理，提高物流效率和成本控制水平，为企业再生产提供良好的物流支持和保障。销售管理对于企业的发展和持续盈利具有深远意义。[①] 企业能够建立起稳定的市场地位和品牌形象，树立起良好的企业信誉和口碑，为企业未来的发展奠定坚实的基础。同时，销售管理还可以通过市场营销活动、产品创新等手段，拓展新的市场空间和业务领域，实现企业的持续发展和盈利。

（二）搞好销售管理，能使企业按照市场需要进行生产

企业能够更好地了解消费者的需求和市场的变化，从而调整生产计划，生产符合

---

① 庞亮. 企业销售管理存在的问题及对策 [J]. 科技风, 2020 (02): 194.

市场需要的产品，实现生产与市场需求的有机对接。销售管理帮助企业了解消费者需求。通过销售过程中的市场调研、客户反馈等方式，企业可以及时了解消费者的喜好、购买习惯、对产品的评价以及未来的需求趋势。销售管理团队可以收集并分析这些信息，为企业提供市场动态的反馈，指导企业调整产品结构和开发新产品，以满足消费者的需求，提高产品的市场竞争力。销售管理有助于预测市场需求。通过对销售数据的分析和市场趋势的研究，销售管理团队可以对未来市场需求进行预测，包括产品的需求量、销售地区、销售渠道等方面的信息。这些预测数据可以为企业制订生产计划和库存管理提供重要参考，使企业能够及时调整生产规模和产品结构，以适应市场需求的变化。

销售管理有助于优化生产计划和资源配置。通过销售管理的信息反馈，企业可以根据市场需求的变化调整生产计划，避免产品积压或滞销的情况发生。销售管理团队可以与生产部门密切合作，及时传递销售信息，指导生产计划的制订和调整，使生产与销售保持良好的协调和配合，提高资源利用效率，降低成本，实现生产和市场的有机统一。销售管理有助于提高企业的市场竞争力和经济效益。通过销售管理的有效实施，企业能够更好地把握市场机遇，迅速响应市场变化，提高产品的市场占有率和品牌知名度。同时，销售管理还可以通过提高产品的附加值和市场竞争力，提高产品的销售价格和利润率，增加企业的盈利能力，实现经济效益的最大化。

（三）搞好销售管理，有利于企业改善经营管理，提高经济效益

销售管理不仅可以促进产品的销售，还可以对企业的生产技术、流动资金周转和产品创新等方面产生积极的影响，从而提高企业的经济效益。销售管理可以促使企业改进生产技术。企业可以及时获取市场反馈和客户需求，了解社会对产品的各种要求，包括品种、质量、成本、包装等方面的要求。这些信息为企业提供了改进生产技术的方向和动力。企业可以根据市场需求调整生产工艺、改进产品质量、降低生产成本、优化产品包装等，从而提高产品的竞争力和市场占有率，进而实现经济效益的提升。

销售管理有助于促使企业加强流动资金的周转。销售管理通过提高产品的销售速度，加快了企业内部流动资金的周转速度。当销售速度提高时，企业用于销售方面的储备资金就可以减少，从而释放出更多的资金用于生产和经营活动。这样一来，企业可以以较少的资金生产出更多的产品，提高了资金利用效率，降低了生产成本，从而

实现了经济效益的增长。销售管理可以促进企业不断开发新产品，提高竞争能力。企业可以及时获取用户对产品改进的意见和反馈，了解其他企业的产品情况，比较优缺点。这些信息为企业提供了开发新产品的灵感和方向。企业可以根据市场需求和竞争对手的情况，加快研制新产品，满足用户的需求，提高产品的差异化竞争优势，从而提高企业的竞争能力和市场占有率。

（四）搞好销售管理，能使企业更好地组织产品出口

通过加强销售管理，企业可以更好地组织产品出口，提高产品的国际市场竞争力，实现产品的国际化销售，为企业和国家创造更多的外汇收入和国际交往机会。销售管理可以加强产品的宣传和推广。在国际市场上，产品的知名度和品牌形象对于产品的出口至关重要。企业可以制订和实施有效的市场推广策略，包括广告、展会、网络营销等多种手段，提升产品的知名度和美誉度。通过增加产品的曝光度和宣传力度，企业可以吸引更多的国际客户，拓展产品的出口市场。销售管理可以帮助企业选择合适的经销商和渠道。选择合适的经销商和渠道是实现产品出口的关键。销售管理团队可以通过市场调研和合作伙伴评估，选择具有良好信誉和广泛销售网络的经销商和渠道，以确保产品能够顺利进入目标市场，并满足当地消费者的需求。通过与经销商的合作，企业可以充分利用其在国际市场上的资源和经验，提高产品的销量和市场占有率。

销售管理可以制订合理的价格策略。产品的价格是决定产品竞争力和市场份额的重要因素之一。销售管理团队可以根据市场需求、竞争对手、成本结构等因素制订合理的价格策略，既能够保证企业的利润空间，又能够吸引国际客户，提高产品的竞争力。通过灵活的价格策略，企业可以更好地应对国际市场的变化和竞争，实现产品的出口增长和销售收入的提升。销售管理可以加强对国际市场的市场调研和需求分析。了解国际市场的需求和趋势对于企业决策和产品出口至关重要。销售管理团队可以通过市场调研和需求分析，及时了解国际市场的消费者需求、竞争情况、政策法规等信息，为企业制订出口策略和产品定位提供依据。通过准确把握国际市场的动态和变化，企业可以更加灵活地调整产品结构和市场策略，提高产品的适应性和竞争力，实现产品出口的持续增长。

第二节 销售管理的基本原理

一、目标设定

销售管理目标必须符合 SMART 原则，即具体的、可衡量的、可实现的、相关的和有时间限制的。在制订销售目标时，必须考虑到企业的整体战略、市场环境以及资源限制等因素。销售目标是企业实现长期增长和成功的基石。它们提供了一个明确的方向，帮助销售团队集中精力和资源，以达到企业的战略目标。通过设定明确的销售目标，企业可以激励销售团队，提高团队的士气和工作效率。此外，销售目标也是衡量销售绩效的重要标准，有助于及时调整销售策略，以应对市场变化和竞争压力。SMART 是具体（Specific）、可衡量（Measurable）、可实现（Achievable）、相关（Relevant）和有时间限制（Time-bound）的缩写。具体指的是销售目标必须清晰明确，不能含糊不清，让每个销售团队成员都清楚自己的任务和责任。可衡量表示销售目标必须可以量化和衡量，以便及时评估进展并采取必要的行动。可实现意味着销售目标必须现实可行，不应设定过高或过低的目标，以避免给销售团队带来不必要的压力或失望。相关性表明销售目标必须与企业的整体战略和市场需求相关联，确保销售团队的努力能够为企业带来实际的业务增长。有时间限制意味着销售目标必须设定明确的截止日期，以帮助销售团队安排工作并确保目标按时完成。

根据 SMART 原则，销售目标可以包括销售额、市场份额、客户满意度等方面。销售额是指衡量销售团队绩效的关键指标之一，可以根据历史数据和市场趋势制订具体的销售额目标。市场份额是指企业在特定市场中所占的比例，设定市场份额目标可以帮助企业扩大市场份额并增加竞争优势。客户满意度是衡量客户对企业产品或服务的满意程度，设定客户满意度目标有助于提高客户忠诚度并促进再购买行为。除了以上提到的目标外，还可以根据企业的具体情况制订其他符合 SMART 原则的销售目标，如产品销售增长率、新客户获取数量、客户续约率等。重要的是要确保销售目标之间相互协调，不要出现冲突或重复，以确保销售团队的努力能够有效地支持企业整体战略目标的实现。值得注意的是，销售目标的制订并不是一成不变的，而应该根据市场环境和企业发展阶段的变化进行及时调整。定期审查和更新销售目标是销售管理的重要组成部分，有助于确保销售团队始终保持高效和敏捷。

二、销售管理的内容

（一）制订销售计划

制订销售计划不仅是企业整体计划的重要组成部分，也是销售管理的核心内容之一。在制订销售计划时，销售经理需要全面考虑企业的发展目标、市场需求、竞争状况以及销售资源等因素，确保销售计划与企业整体战略相一致，并能够实现可持续增长。制订销售计划需要销售经理充分了解企业的整体战略和发展目标。销售计划应该是整个企业发展战略的具体体现，旨在支持企业实现其长期增长目标。因此，销售经理需要与其他部门密切合作，了解企业的产品定位、目标市场、核心竞争力等信息，以便在销售计划中明确反映出这些方面的考量。制订销售计划需要对市场环境进行充分的分析和评估。销售经理应该对目标市场的规模、增长趋势、竞争格局以及潜在机会和威胁等因素进行深入分析，为销售计划的制订提供可靠的市场情报和数据支持。只有充分了解市场环境，销售计划才能更具针对性和实效性。

制订销售计划需要确立明确的销售目标和指标。销售目标应该是具体、可衡量、可实现、相关和有时间限制的，符合 SMART 原则。销售经理需要与销售团队共同确定销售目标，并根据市场需求和资源限制等因素制订合理的销售指标，以便及时评估销售绩效并调整销售策略。制订销售计划需要明确销售策略和执行计划。销售经理应该根据销售目标和市场情况制订相应的销售策略，包括产品定价、渠道选择、促销活动等方面的决策，并将这些策略转化为具体的执行计划，明确各项销售活动的时间表、责任人和执行步骤，以确保销售计划的顺利实施。制订销售计划需要合理配置销售资源和制订预算计划。销售经理应该根据销售目标和执行计划合理配置销售人员、销售渠道和销售预算等资源，确保销售活动能够顺利进行并取得良好的销售业绩。同时，销售经理还需要对销售预算进行有效管理和控制，确保销售成本的合理性和效益性。

（二）构建销售组织

构建销售组织不仅关乎企业销售活动的有效开展，也直接影响到企业的市场竞争力和盈利能力。一个高效的销售组织应该以顾客为中心，以实现企业利润为目标，为销售人员提供必要的资源和支持，确保他们能够充分发挥自己的能力，为企业创造更多的价值。构建销售组织需要进行销售人员的招聘和选用。销售人员是销售组织的核心，他们直接参与到销售活动中，直接影响到企业的销售业绩。因此，销售经理需要根据销售计划和市场需求，制订合适的人员招聘计划，吸引和选拔具有销售天赋和经验丰富的人才。在招聘过程中，除了关注候选人的销售技能和经验外，还需要注重候选人的沟通能力、团队合作精神和对客户的敏锐度，以确保招聘到适合企业需求的销售人才。

构建销售组织需要为销售人员提供必要的资源和支持。销售人员在进行销售活动时需要各种资源的支持，包括产品信息、市场数据、销售工具等。销售经理需要确保销售团队能够及时获取到这些资源，并对其进行有效管理和利用。同时，销售人员还需要得到良好培训和指导，提升其销售技能和专业素养，以应对市场竞争和客户需求的变化。构建销售组织还需要建立良好的团队合作氛围和文化。销售团队是一个由多个销售人员组成的群体，他们需要相互合作、相互支持，共同实现销售目标。因此，销售经理需要注重团队建设，促进团队成员之间的沟通和协作，营造积极向上的工作氛围和文化，激发团队的凝聚力和创造力。构建销售组织还需要建立有效的绩效评价和激励机制。销售人员的绩效评价是销售管理的重要环节，它可以帮助企业及时发现问题和改进空间，提高销售团队的工作效率和业绩水平。因此，销售经理需要建立科学合理的绩效评价体系，明确销售人员的工作目标和评价标准，并根据实际表现进行公平公正评价和激励，以激发销售团队的积极性和工作热情。

（三）培训销售人员

销售经理在管理销售团队时，花费大量时间和精力在培训工作上，这是因为培训可以帮助销售人员提升专业素养、掌握销售技巧、了解产品知识，从而更好地满足客户需求、提升销售业绩。销售培训为销售人员提供了完成本职工作所需的技术指导。销售工作涉及复杂的市场环境、激烈的竞争局面以及多样化的客户需求，销售人员需要具备一定的专业技能和销售技巧，才能够应对各种挑战并取得成功。因此，销售培训应该重点关注销售技巧的提升，包括客户沟通技巧、销售谈判技巧、销售闭环技巧等，帮助销售人员更好地开展销售活动。销售培训还为销售人员提供了从事未来工作所需掌握的方法和知识。销售行业是一个快速变化的行业，销售人员需要不断更新自己的知识和技能，以适应市场的变化和客户需求的变化。因此，销售培训应该注重销售人员的综合素质提升，包括产品知识的学习、市场分析能力的提升、客户服务意识的培养等，帮助销售人员更好地适应市场竞争和客户需求的变化。销售培训还可以帮助企业提升销售团队的凝聚力和士气。通过销售培训，销售人员可以与同事进行交流和互动，分享经验和心得，增强团队合作意识和团队凝聚力。同时，销售培训还可以激发销售人员的工作热情和积极性，增强他们对工作的信心和动力，从而更加投入销售活动中，取得更好的销售业绩。

（四）对销售人员进行业务指导

对销售人员进行业务指导不仅能够提高销售团队的整体业绩水平，也能够增强销售人员的工作积极性和团队凝聚力。作为销售团队的核心和领导者，销售经理需要具备丰富的销售经验和专业知识，能够为销售人员提供全面的业务指导和帮助。销售人员需要了解企业的产品特点、优势、应用场景等信息，才能够有效地向客户推销产品。销售经理应该为销售人员提供充足的产品知识培训，帮助他们了解产品的功能和性能，掌握产品的特点和优势，从而更好地向客户进行产品介绍和推销。客户服务是销售工作中不可或缺的一环，良好的客户服务能够增强客户满意度，提升客户忠诚度，促进客户的再次购买和口碑传播。销售经理应该为销售人员提供客户服务方面的培训和指导，教导他们如何与客户建立良好的沟通和关系，如何及时解决客户的问题和投诉，以提升客户满意度和销售业绩。

建立稳定的客户信用关系对于销售工作的开展至关重要，销售人员需要了解企业的信用政策和要求，严格执行信用管理制度，确保销售活动的合规性和风险控制。销售经理应该为销售人员提供信用业务方面的培训和指导，帮助他们正确理解信用政策，规范信用操作流程，有效管理客户信用风险，以确保销售业务的顺利进行。客户关系是销售工作中的核心，良好的客户关系能够促进销售业绩的提升和客户忠诚度的增强。销售经理应该为销售人员提供客户关系管理方面的培训和指导，教导他们如何建立良好的客户关系，如何与客户保持密切沟通和联系，如何了解客户的需求和反馈，以实现客户的满意度和忠诚度的提升。

（五）激励销售人员

良好的激励机制能够激发销售人员的工作积极性和创造力，提高他们的工作效率和销售业绩。销售经理应该根据销售人员的个人特点和工作需求，采取多种激励方式，包括环境激励、目标激励、物质激励和精神激励等，以实现销售目标和提升销售团队的整体业绩水平。良好的工作环境能够提高销售人员的工作效率和工作质量，增强其对工作的归属感和满意度。销售经理应该为销售团队营造一个积极向上、充满挑战和机遇的工作环境，注重团队合作和信息共享，鼓励销售人员之间相互学习和交流，激发他们的工作热情和团队凝聚力。明确的销售目标能够为销售人员提供明确的工作方向和奋斗目标，激发他们的工作动力和斗志。销售经理应该与销售人员共同制订具有挑战性和可实现性的销售目标，并为其提供相应的奖励和激励措施，如提供晋升机会、发放奖金和奖品等，以激励销售人员不断提升销售业绩和实现个人发展目标。

物质激励包括提供具有经济价值的奖励和福利，如提高薪酬水平、提供额外的奖金和津贴、提供优厚的福利待遇等。销售经理应该根据销售人员的工作表现和贡献程度，制订相应的薪酬政策和激励机制，激励销售人员积极参与销售活动并取得优异的销售业绩。精神激励包括给予销售人员充分的肯定和赞扬，提供良好的培训和职业发展机会，建立良好的团队文化和工作氛围等。销售经理应该关注销售人员的个人成长和职业发展，为他们提供广阔的发展空间和晋升机会，激励他们不断提升自己的专业素养和综合能力，实现个人和团队的共同发展。

（六）对销售组织进行成本控制与绩效评估

对销售组织进行成本控制与绩效评估有助于企业有效地管理资源、提高销售效率、优化销售结构，从而实现销售目标并最大化利润。在销售管理工作中，要实现成本控制和绩效评估的有效结合，需要建立科学合理的绩效评估体系，同时采取相应的措施对销售成本进行有效控制。对销售人员的工作业绩进行绩效评估需要收集评估资料。评估资料可以包括销售人员的销售额、销售量、市场份额、客户满意度等指标，以及销售人员的工作日志、销售报告、客户反馈等信息。销售经理应该建立完善的数据收集和管理机制，及时收集、整理和分析销售人员的相关信息，为绩效评估提供可靠的数据支持。

对销售人员的工作业绩进行绩效评估需要建立绩效标准。绩效标准是评价销售人员工作业绩的基准，它可以是销售目标、销售指标、销售行为等方面的要求，可以根据企业的实际情况和销售策略进行制订。销售经理应该根据企业的销售目标和市场需求，制订清晰明确的绩效标准，明确销售人员的工作任务和责任，为绩效评估提供明确的标准和依据。对销售人员的工作业绩进行绩效评估需要选择合适的评估方法。评估方法可以包括定量评估和定性评估两种方式。定量评估可以通过销售额、销售量、销售增长率等指标来衡量销售人员的工作业绩；定性评估可以通过客户满意度调查、销售人员自评、上级评价等方式来评估销售人员的工作态度和工作质量。销售经理应该根据销售人员的实际情况和工作特点，选择合适的评估方法，全面客观地评价销售人员的工作业绩。对销售人员的工作业绩进行绩效评估需要进行具体评估。具体评估是指根据收集的评估资料和建立的绩效标准，对销售人员的工作业绩进行全面、客观、公正评价。销售经理应该根据评估结果，及时对销售人员的工作表现进行反馈和指导，鼓励优秀表现，引导改进不足，从而不断提高销售团队的整体业绩水平。

第三节　销售管理的发展趋势

一、现代销售管理理念

（一）制度化

制度化是企业管理中的重要概念，它指的是将企业内部的管理制度、规章制度、工作流程等内容系统化、规范化地建立起来，为企业的运营和发展提供有力支持和保障。在销售管理领域，制度化同样至关重要，它能够帮助企业有效地规范销售行为、提高销售效率、保障销售目标的实现。销售管理制度化是销售管理的基础，它需要销售管理者制订相关的制度，并通过实施和执行来确保其有效性和可持续性。销售管理制度化需要建立高效的销售管理制度体系。销售管理制度体系是由一系列相互关联、相互配合的制度构成的，包括销售目标制度、销售计划制度、销售组织制度、销售培训制度、销售激励制度、销售考核制度等。这些制度共同构成了企业销售管理的框架和基础，为销售管理的各个环节提供了规范和指导，保障了销售工作的有序开展和有效实施。

销售管理制度化需要建立系统完善的销售管理流程。销售管理流程是指销售活动从策划、执行到评估的一系列环节和步骤，包括市场调研、客户开发、销售谈判、订单确认、售后服务等。销售管理者应该根据企业的实际情况和销售策略，制订清晰明确的销售管理流程，明确各个环节的责任和权限，规范销售活动的开展和执行，提高销售效率和工作质量。销售管理制度化需要建立健全的制度执行机制。制度执行机制是指企业内部对销售管理制度的执行和监督机制，包括责任落实、考核评价、奖惩机制等。销售管理者应该建立健全的制度执行机制，明确制度执行的责任人和监督机构，及时对制度执行情况进行检查和评估，对执行结果进行奖惩和激励，以确保销售管理制度的有效实施和执行效果。[①] 销售管理制度化需要建立持续改进的机制。销售管理制度是动态的、变化的，需要根据市场环境和企业发展的变化进行不断调整和优化。销售管理者应该建立持续改进的机制，定期评估和审查销售管理制度的实施效果，发现问题和不足，及时调整和完善制度内容和执行方式，不断提升销售管理水平和效率。

（二）简单化

销售管理的简单化强调的是简洁、高效、灵活的管理方式，以实现资源的最优利用和销售业绩的最大化。简单化并不意味着缺乏规范和制度，而是要求在保证规范的前提下简化管理流程、简化管理手段，以提高管理效率和工作效益。简单化可以节约资源。烦琐复杂的管理制度和流程往往需要大量的人力、物力和时间来执行和维护，而简化后的管理制度和流程可以减少资源的浪费。例如，简化销售报表和审批流程，可以节省销售人员的时间，让他们更专注于客户开发和销售工作，从而提高销售效率和销售业绩。

简单化可以提高效率。简化后的管理制度和流程可以降低信息传递和决策的成本，提高管理效率和工作效率。例如，通过利用信息化技术简化销售订单的处理流程，可以实现订单的快速处理和及时跟进，提高订单处理效率和客户满意度。简单化可以增强灵活性。简化后的管理制度和流程可以降低管理的僵化性，增强企业的灵活性和

---

① 李洋. 销售人员培训的重要性 [J]. 中外企业家, 2019 (31)：88.

适应性，使企业能够更快速地适应市场变化和客户需求的变化，保持竞争优势和持续发展。

（三）人性化

人性化的销售管理是一种注重人的天性和特点的管理方式，它将人的复杂性和多样性视为资源而非障碍，通过理解和尊重员工的天性，实现销售目标和个人发展的双赢。在销售管理中，人性化的管理应该注重以下几个方面：充分认识和尊重员工的多样性。每个人都是独一无二的，拥有不同的能力、需求和动机。销售管理者应该了解员工的个性和特点，尊重他们的选择和偏好，给予他们更多的个人空间和自主权。例如，可以根据员工的特长和兴趣安排不同的销售任务和工作方式，激发他们的工作热情和创造力。

注重情感和沟通。人性化的销售管理强调建立良好的人际关系和沟通渠道，以促进员工之间的合作和团队精神的形成。销售管理者应该关心员工的情感和感受，倾听他们的意见和建议，及时解决他们的困难和问题，营造和谐的工作氛围和团队文化。强调激励和奖惩机制。人性化的销售管理不仅要关注员工的物质需求，还要关注员工的精神需求和成长空间。销售管理者应该建立激励和奖惩机制，通过激励措施激发员工的工作热情和积极性，提高他们的工作效率和工作质量。同时，对于不良行为和表现，也应该及时进行纠正和惩罚，以维护良好的工作秩序和团队氛围。强调人性化培训和发展。人性化的销售管理不仅要关注员工的当前工作表现，还要关注员工的长远发展和个人成长。销售管理者应该为员工提供全面系统的培训和发展机会，帮助他们不断提升专业技能和职业素养，实现个人价值和事业成功。

（四）合理化

合理化是一种持续改进的过程，旨在将不合理的现象转变为合理的状态，以提高企业的竞争力和可持续发展能力合理化的核心是优化销售管理策略和流程，实现销售目标的有效实施和持续提升。销售管理者应该深入分析市场环境和竞争对手，了解客户需求和行业趋势，制订符合实际情况的销售策略和计划。销售策略应该与企业的发展战略相一致，注重市场定位和差异化竞争，以确保销售目标的实现和企业竞争优势的保持。

销售管理者应该优化销售组织结构和人员配置，充分发挥团队的协作和配合作用。销售组织结构应该简单明了，流程畅通，信息共享，能够快速响应市场变化和客户需求的变化。销售人员的分工和配备应该合理，能够充分发挥各自的专业优势，形成良好的销售团队和工作氛围。销售管理者应该不断优化销售流程和工作方法，提高工作效率和工作质量。销售流程应该简化、规范、标准化，减少不必要的时间和成本浪费。销售工作方法应该灵活多样，能够根据客户需求和市场情况及时调整和优化，以提高销售的灵活性和适应性。销售管理者应该建立健全的绩效评估和改进机制，及时跟踪销售目标的完成情况和工作效果，采取有效措施加以改进和提升。绩效评估应该客观公正，注重实效和结果导向，激励优秀表现，惩罚不良行为，以推动销售管理的持续改进和提高。

二、销售管理的新趋势

（一）从交易推销到关系推销的转变趋势

从交易推销到关系推销的转变趋势反映了市场和消费者需求的变化，以及企业对销售策略和方法的调整。随着经济的全球化和市场竞争的加剧，传统的交易推销模式逐渐显露出一些局限性，企业开始更加重视建立长期稳定的顾客关系，从而实现持续增长和竞争优势。传统的交易推销模式主要注重在短期内完成销售交易，强调销售人员的推销技巧和销售目标的实现。在这种模式下，销售人员通常将重点放在产品或服务的特点和优势上，通过各种销售手段和促销活动来吸引顾客购买。然而，随着市场竞争的加剧和消费者需求的多样化，这种短期交易导向的推销模式逐渐显露出一些弊端，例如顾客流失率高、重复购买率低等问题，使得企业开始转向更加注重长期关系的推销模式。关系推销模式强调建立长期稳定的顾客关系，通过与顾客建立信任和合作关系，了解其需求和问题，并提供个性化的解决方案和增值服务，从而实现持续的业务增长和顾客满意度提升。销售人员不再仅仅是产品的推销者，更像是顾客的合作伙伴和顾问，他们需要具备更加全面的专业知识和沟通技巧，能够与顾客建立深入的关系，为顾客提供全方位的支持和服务。关系推销模式的转变趋势不仅体现在销售过程中，也体现在供应链管理和合作伙伴关系上。随着企业规模的扩大和供应链的全球化，大型企业开始减少供应商的数量，更加倾向于与少数几家可信赖的供应商建立长期稳定的合作关系。在这种情况下，供应商需要的不仅仅是成为产品的提供者，更需要成为企业的战略合作伙伴，能够与企业共同应对市场挑战和变化，共同实现业务增长和价值创造。

（二）从个人推销到团队推销的转变趋势

过去，销售领域的重要性主要体现在个人销售精英身上，他们凭借出色的销售技巧和人际关系，在企业中大放异彩。然而，随着市场竞争的加剧和消费者需求的变化，单枪匹马式的销售模式已经逐渐显露出一些不足，企业开始更加重视团队协作和合作，将个人推销逐渐转变为团队推销。在当前市场环境下，销售不仅仅是简单的产品交易，更重要的是解决顾客问题、增加顾客价值。单个销售人员往往无法拥有解决顾客问题所需要的全部知识和技能，因此需要借助团队的力量来共同完成销售任务。团队推销模式强调团队协作和合作，通过多方位的资源整合和专业知识交流，为顾客提供更全面、更专业的解决方案，从而实现销售目标和顾客满意度的双赢。

团队推销可以发生在销售组织内不同个体之间，也可以跨越不同部门和职能之间的合作。在销售组织内部，销售团队可以根据顾客需求和项目复杂度的不同，由销售精英、销售代表、技术支持人员等多个角色组成，共同协作完成销售任务。在企业内部，销售团队还可以与市场营销部门、产品研发部门、客户服务部门等其他部门进行合作，共同开发新产品、推广营销活动、解决客户问题等，实现企业内部各职能之间的协同发展。团队推销强调团队协作和合作，能够充分发挥团队成员的专业优势，凝聚各方力量。团队推销能够促进企业内部各职能之间的协同发展，打破部门之间的信息壁垒，促进信息共享和资源整合，提高企业整体竞争力和市场影响力。

（三）从管理到领导的转变趋势

在过去，许多销售组织都采用了官僚的等级制结构，其中不同级别的销售经理通过直接监督下属销售人员，同时向上级管理层负责。这种管理模式下，现场销售管理者被视为"老板"，他们负责管理和指导销售人员，销售人员需要向他们汇报工作，并且销售经理对销售团队的绩效负有责任，试图通过不同的控制方法来确保销售人员达到预期的业绩目标。然而，随着市场环境的变化和管理理念的发展，这种传统的管理模式逐渐暴露出一些问题。这种管理模式往往过于强调控制和监管，给销售人员带来了压力和束缚，导致创造力和积极性受到抑制。这种单向的指令性管理模式往往不能很好地激发销售团队的团队合作和创新能力，影响了销售绩效的提升。

因此，许多销售组织开始意识到，对销售人员实行领导方式的管理效果更好。领导式的销售经理不仅仅是管理者，更重要的是他们是团队的领导者和激励者。他们与销售团队建立起了合作与信任的关系，通过激励、赋权和激发潜力等方式，激发销售人员的内在动力和团队凝聚力，从而推动销售团队的发展和壮大。领导式的销售经理具有以下几个特点：他们具有良好的人际关系技巧和情商，能够与销售团队建立良好的沟通和合作关系，理解并满足销售人员的需求。他们注重团队建设和团队合作，激励销售团队共同奋斗，共同成长，形成良好的团队氛围和团队文化。他们注重发展和培养销售人员的潜力和能力，通过培训和指导等方式，帮助销售人员提升专业素养和销售技能，实现个人与团队的共同成长。

（四）从本地到全球的转变趋势

随着全球化的加速发展，当今的市场已经成为一个全球性的竞技场，产品和服务不再受限于地域，而是具有了世界性的生产和销售特点。大多数企业都在某种程度上进入了国际市场，这导致了销售管理的转变趋势，使得企业不得不面对来自全球范围内的竞争和挑战。未来的销售管理可能会更加国际化，这意味着企业将面临来自国际企业的竞争压力。即使是那些仅在本地或地区性范围内经营的企业，也可能需要面对来自其他国家企业的竞争，同时受到国际事件的影响，必须为来自不同国家的客户提供服务。这种全球化的市场环境要求销售管理从本地到全球的扩展，并具备国际化的视野和能力。

要实现从本地到全球的转变，企业的销售管理需要从国际化的角度入手，采取一系列的措施和策略：企业需要进行市场分析和调研，深入了解目标国际市场的特点、需求和竞争情况，制订针对性的国际化销售策略。企业需要加强国际市场的开拓和拓展，积极寻找国际合作伙伴，建立国际销售渠道和网络，扩大销售范围和市场份额。企业需要注重跨文化管理和团队建设，培养具有国际视野和跨文化沟通能力的销售团队，加强国际业务人员的培训和交流，提升团队的全球化竞争力。企业还需要关注国际贸易法规和政策，遵守目标国家的法律法规，规避市场风险，确保国际业务的顺利开展。

第四节　销售管理的重要性和应用领域

一、销售管理的重要性

（一）实现销售目标

企业能够有效地规划、执行和监控销售活动，从而实现销售目标，并为企业的战略目标和长期发展打下坚实基础。销售管理有助于制订明确的销售目标和计划。销售管理团队负责与企业领导层合作，制订符合企业战略目标的销售目标和计划。这些目标和计划通常包括销售额、市场份额、客户增长率等指标，旨在指导销售团队的工作重点和行动方向。通过明确的销售目标和计划，销售团队能够更好地了解预期业绩目标，明确任务分工，提高工作效率，实现销售绩效的最大化。销售管理有助于合理分配资源和优化销售流程。销售管理团队负责评估市场需求、竞争态势和企业资源状况，合理分配销售资源，包括人力、资金、技术等，以支持销售目标的实现。销售管理还可以通过优化销售流程和提升销售效率，降低销售成本，提高销售回报率。通过合理分配资源和优化销售流程，企业能够更好地应对市场竞争，提高销售绩效，实现销售目标的快速达成。

销售管理有助于采取有效的策略和措施。销售管理团队负责根据市场情况和销售目标，制订并实施有效的销售策略和措施，包括市场定位、产品定价、促销活动等方面。销售管理还可以通过市场调研、客户分析等手段，了解客户需求和竞争对手情况，制订针对性的销售策略，提高销售团队的竞争力和市场占有率。通过采取有效的策略和措施，销售团队能够更好地实现销售目标，为企业的长期发展和竞争优势打下基础。销售管理有助于监控和评估销售绩效，并及时调整销售策略。销售管理团队负责监控销售活动的执行情况和销售绩效的实现情况，及时发现问题和风险，并采取有效措施加以解决。销售管理还可以通过销售数据分析和绩效评估，及时调整销售策略和计划，提高销售团队的反应速度和适应能力，进而实现销售目标的持续达成。

（二）市场开拓与渠道管理

市场开拓和渠道管理不仅可以帮助企业拓展销售网络和覆盖范围，还能够增加销售机会，提升企业的市场竞争力，实现销售目标。通过深入了解市场需求和竞争情况，制订有效的市场开拓策略和渠道管理方案，为企业的市场拓展和销售业绩提升提供有力支持。市场开拓是销售管理的重要任务之一。市场开拓意味着寻找新的销售机会和市场空间，扩大企业的市场份额和影响力。通过市场开拓，企业可以拓展销售网络，进入新的地区和领域，开发新的客户群体，实现销售业绩的增长。销售管理团队负责深入了解目标市场的需求和竞争情况，制订相应的市场开拓策略，包括市场调研、产品定位、营销推广等（图1-1、图1-2、图1-3），以实现市场的深度开拓和有效覆盖。渠道管理是销售管理的另一个重要方面。渠道管理指的是管理和优化销售渠道，确保产品能够顺利地流通和销售。通过渠道管理，企业可以建立健全的销售渠道体系，包括直销、代理商、经销商、电商平台等，满足不同客户群体的购买需求，实现销售业绩的最大化。销售管理团队负责评估和选择适合企业的销售渠道，与渠道合作伙伴建立良好的合作关系，监控和管理销售渠道的运营情况，确保产品能够顺畅地流通和销售。

图1-1　市场调研

图1-2　产品定位

图1-3　营销推广

二、销售管理的应用领域

（一）销售团队管理与培训

通过招聘、培训、激励和管理销售团队，企业可以建立一支高效、专业、团结的销售队伍，提升销售团队的绩效和业务成果，从而实现销售目标和企业发展的战略目标。销售团队管理涉及招聘合适的销售人员。招聘是构建优秀销售团队的第一步，它直接关系到销售团队的整体素质和绩效水平。销售管理团队负责确定销售人员的招聘标准和要求，制订招聘计划和招聘流程，通过多种渠道吸引和选拔合适的销售人才。招聘过程中，需要重点关注销售人员的专业能力、沟通技巧、团队合作精神等方面，确保招聘到符合企业需求的销售人员。销售团队管理涉及销售人员的培训和发展。销售人员是企业销售的重要执行者，他们的专业能力和团队协作能力直接关系到销售业绩的提升和客户满意度的提高。销售管理团队负责制订销售人员的培训计划和方案，包括产品知识培训、销售技巧培训、客户关系管理培训等，通过内部培训和外部培训等方式提升销售人员的专业素质和综合能力，不断提高销售团队的绩效水平和业务成果。

销售团队管理还涉及激励和奖励机制的建立和执行。激励机制是激发销售人员积极性和主动性的重要手段，它能够有效地调动销售人员的工作热情和创造力，提高销售绩效和业务成果。销售管理团队需要根据销售目标和绩效评估结果，制订合理的激励和奖励政策，包括薪酬激励、晋升机会、荣誉奖励等，激励销售人员积极拓展市场、提升销售业绩，实现个人和团队的共同成长。销售团队管理涉及团队建设和管理。建立一个和谐、团结、高效的销售团队是销售管理的重要任务之一，它能够促进销售人员之间的相互合作和团队精神的形成，提升团队的凝聚力和执行力。销售管理团队需要通过团队建设活动、团队培训和团队管理等方式，加强销售团队的凝聚力和团队合作精神，打造一个积极向上、奋发有为的销售团队，为企业的销售目标和发展战略提供坚实保障。

（二）销售渠道管理

销售渠道包括直销、代理商、分销商等多种形式，销售管理团队需要根据企业的产品特点、市场需求和竞争环境等因素，选择适合的销售渠道，并通过培训和合作关系管理渠道伙伴，以扩大销售网络和提高销售效率，从而实现销售目标和企业发展战略目标。销售渠道管理涉及选择适合的销售渠道。企业产品的销售渠道选择是销售管理的第一步，它直接关系到产品的销售范围和销售效率。不同的销售渠道具有不同的优势和特点，销售管理团队需要根据企业的实际情况，选择最合适的销售渠道，以实现销售目标和提高销售效率。

销售渠道管理涉及培训和合作关系管理。销售渠道伙伴是企业销售渠道中的重要组成部分，他们直接参与到产品的销售和推广工作中，对于产品的销售效果和市场影响具有重要作用。销售管理团队需要通过培训和合作关系管理，提升销售渠道伙伴的销售能力和服务水平，加强与渠道伙伴的合作关系，建立良好的合作伙伴关系，共同推动销售业绩的提升。通过培训和合作关系管理，企业可以提高销售渠道伙伴的专业素质和团队合作精神，提高销售效率和市场覆盖率，实现销售目标和企业发展的战略目标。销售渠道管理涉及监控和评估销售渠道的运营情况。销售渠道的运营情况直接关系到产品的销售效果和市场影响，销售管理团队需要定期监控和评估销售渠道的运营情况。销售管理团队可以通过销售数据分析、市场调研等手段，了解销售渠道的运营情况和客户反馈，发现问题和改进空间，及时调整销售策略和渠道管理方案，提高销售渠道的运营效率和市场竞争力。

第二章　销售策略与规划

第一节　销售策略的制订

一、目标市场和客户定位

(一) 目标市场选择

在市场细分的基础上，选择适合企业产品或服务的目标市场，是实现销售目标、提高销售效率和转化率的重要策略之一。在确定目标市场时，销售管理团队需要综合考虑市场规模、增长潜力、竞争程度等因素，制订相应的销售策略，以实现销售目标和企业发展战略目标。销售管理团队需要进行市场细分，将整个市场划分为若干个具有明确特征和需求的细分市场。市场细分是选择目标市场的前提和基础，它能够帮助企业更准确地了解客户需求，确定目标市场的定位和定位策略。销售管理团队可以通过市场调研、客户分析、竞争对手分析等手段，识别并划分不同的细分市场，了解客户群体的需求、偏好和行为习惯，为选择目标市场提供有力支持。目标市场的选择应该综合考虑市场规模、增长潜力、竞争程度、客户需求等因素，确定优先发展的目标市场。一般来说，销售管理团队可以选择市场规模较大、增长潜力较大、竞争程度相对较低、客户需求较为明确的目标市场，以提高销售效率和转化率。通过综合考虑多种因素，选择合适的目标市场，有利于企业集中资源、提高竞争力，实现销售目标和企业发展战略目标。

销售管理团队需要制订相应的销售策略，以实现在目标市场的销售目标。销售策略是实现销售目标的具体行动计划和方法，它包括市场定位、产品定位、定价策略、促销策略、渠道策略等方面。销售管理团队可以根据目标市场的特点和需求。例如，针对市场规模较大的目标市场，可以采取差异化定位和个性化服务的策略，以满足客户需求，提升产品竞争力；针对竞争程度较高的目标市场，可以采取价格战略和促销活动的策略，以吸引客户和提高市场份额。销售管理团队需要不断监控和评估销售策略的执行情况和销售效果，及时调整和优化销售策略，以适应目标市场的变化和需求。销售管理团队可以通过销售数据分析、市场反馈、客户满意度调查等手段，了解销售策略的执行情况和销售效果，，提高销售效率和转化率。通过持续不断地监控和评估销售策略的执行情况和销售效果，销售管理团队能够更加精准地实现销售目标和企业发展战略目标。

（二）客户分析

在进行客户分析时，销售管理团队需要全面考虑客户的人口统计学特征、行为特征、偏好特征等方面，以便更好地锁定潜在客户，了解其购买动机，提供个性化的产品和服务。销售管理团队需要对客户的人口统计学特征进行分析。人口统计学特征包括客户的年龄、性别、职业、教育程度、收入水平等方面的信息。通过对客户的人口统计学特征进行分析，销售管理团队可以更好地了解客户的基本情况，从而针对不同的人群采取相应的销售策略。例如，针对年轻人群，可以采取更加活泼和时尚的营销手段；针对高收入人群，可以提供更高端的产品和服务。销售管理团队需要对客户的行为特征进行分析。行为特征包括客户的购买频率、购买偏好、购买渠道等方面的信息。通过对客户的行为特征进行分析，销售管理团队可以更好地了解客户的购买习惯和行为模式，从而调整销售策略。例如，针对经常购买的客户，可以加强客户关系管理，提供更多的优惠和服务；针对线上购物偏好的客户，可以加强电商渠道的建设和推广。

销售管理团队需要对客户的偏好特征进行分析。偏好特征包括客户对产品特性、品牌形象、售后服务等方面的偏好和需求。通过对客户的偏好特征进行分析，销售管理团队可以更好地了解客户的购买动机和需求，从而提供更加个性化的产品和服务，满足客户的需求，提高客户满意度。例如，针对注重品质的客户，可以加强产品质量控制和品牌形象塑造；针对注重售后服务的客户，可以加强售后服务体系建设和提升服务水平。销售策略应该根据客户的特点和需求，精准地锁定潜在客户。例如，针对不同的客户群体，可以采取差异化的定位和营销策略，制订相应的产品定价、促销活动和渠道管理方案。通过制订相应的销售策略，销售管理团队能够更好地实现销售目标，提高销售效率和客户满意度。

（三）客户定位

客户定位的目的是精准地锁定目标客户群体，以实现更高效的销售和服务，提高客户满意度和忠诚度。客户定位需要根据客户分析的结果，将目标市场中的客户群体进行细分。客户细分是将整个目标市场划分为若干个具有明确特征和需求的子市场，以便更好地了解客户群体的差异和特点。例如，可以根据客户的人口统计学特征、行为特征、偏好特征等方面的分析结果，将客户群体划分为不同的细分市场，例如年龄段、地域、消费水平等。客户定位需要确定不同细分市场的定位策略。定位策略是根据客户群体的特点和需求，确定不同细分市场的定位方向和定位理念。通过客户定位，可以将客户群体分为不同的定位段，例如高端客户、中端客户、低端客户等，以便更好地了解客户需求和偏好，为销售策略的制订提供依据。例如，针对高端客户群体，可以采取高品质、高服务的定位策略；针对中端客户群体，可以采取性价比较高、品质稳定的定位策略，提供优惠和促销活动；针对低端客户群体，可以采取价格优惠、产品多样化的定位策略，吸引客户并提高市场份额。

客户定位需要制订相应的销售策略。销售策略是根据客户定位的结果，确定不同细分市场的销售方向和销售方式。例如，可以采取个性化销售、定制化服务的销售策略，提供更加精准和专业的产品和服务；可以采取批量销售、团购活动的销售策略，提高销售量和市场份额；可以采取价格优惠、促销活动的销售策略，吸引客户并提高市场占有率。客户定位需要不断监控和评估客户需求及市场变化。客户需求和市场环境是不断变化的，销售管理团队需要根据客户定位的结果，以适应市场的变化和需求的变化。通过不断监控和评估客户需求和市场变化，销售管理团队可以更加精准地锁定目标客户群体。

二、销售监控与调整

（一）建立销售绩效监控体系

在建立销售绩效监控体系时，需要确定关键的销售数据和业绩指标，设定可衡量和可比较的目标，确定监控频率和报告周期，并建立定期的销售绩效报告机制，以便及时反馈销售情况。确定关键的销售数据和业绩指标。销售数据和业绩指标是评价销售绩效的关键指标，包括销售额、销售量、市场份额、客户满意度等方面的数据。通过收集和分析这些数据，可以全面了解销售活动的效果和业绩的达成情况，为制订销售策略提供依据。例如，销售额和销售量可以反映销售活动的成果和销售效率；市场份额可以反映企业在市场竞争中的地位；客户满意度可以反映客户对产品和服务的满意程度。销售目标是指企业在一定时期内希望实现的销售业绩目标，是销售活动的重要指导和依据。销售目标应该具体、可衡量、可达成，并与企业的发展战略目标相一致。通过设定可衡量和可比较的销售目标，可以更好地评估销售活动的效果和业绩的达成情况，为调整策略和优化工作提供依据。例如，设定每月、每季度或每年的销售额、销售量、市场份额和客户满意度等方面的目标，以便及时监控和评估销售绩效。

监控频率是指对销售数据和业绩指标进行监控和评估的频率，报告周期是指向上级管理层和相关部门提交销售绩效报告的周期。通过确定监控频率和报告周期，可以及时了解销售情况，及时调整策略和优化工作。例如，可以设定每周一次或每月一次的销售数据监控和评估，每季度或每年提交一次销售绩效报告。建立定期的销售绩效报告机制。[①] 销售绩效报告是对销售活动的效果和业绩的达成情况进行总结和分析的报告，是对销售绩效进行全面评估和反馈的重要手段。通过建立定期的销售绩效报告机制，可以及时向上级管理层和相关部门通报销售情况，指导销售团队调整策略和优化工作，提高销售绩效和实现销售目标。例如，可以每月或每季度向上级管理层提交销售绩效报告，对销售数据和业绩指标进行总结和分析，提出改进建议和措施。

（二）及时跟踪销售数据和业绩指标

利用销售管理系统或其他工具，实时收集和跟踪销售数据，分析销售趋势、问题和机会，识别影响销售绩效的关键因素，是保持销售竞争力和实现持续增长的关键。销售管理系统是一种集成化的信息管理系统，可以帮助企业实时收集、处理和分析销

---

① 施百泉. 销售管理工作中的激励原则和措施的探析 [J]. 商讯，2019（06）：185.

售数据，实现销售活动的全面管理和监控。通过销售管理系统，销售团队可以随时随地查看销售数据，了解销售情况，发现问题和机会。除了销售管理系统，还可以利用其他工具，如CRM系统、数据分析工具等，提高数据的准确性和完整性。分析销售数据和业绩指标，识别销售趋势、问题和机会。通过对销售数据和业绩指标进行分析，可以发现销售趋势和变化，了解产品和市场的需求情况，识别销售问题和挑战，发现销售机会和潜力。例如，可以分析销售额、销售量、市场份额等方面的数据，了解产品的销售情况和市场竞争状况；可以分析客户满意度、客户投诉等方面的数据，了解客户的反馈和需求；可以分析销售渠道、促销活动等方面的数据，了解销售策略的效果和影响。

通过分析销售数据和业绩指标，可以识别影响销售绩效的关键因素，包括内部因素和外部因素。内部因素包括产品质量、价格策略、销售团队等方面的因素，外部因素包括市场竞争、经济环境、客户需求等方面的因素。通过识别关键因素，可以有针对性地调整销售策略，优化销售绩效。根据分析结果，及时调整销售策略。根据销售数据和业绩指标的分析结果，销售管理团队应该及时调整销售策略。例如，针对发现的销售问题和挑战，可以采取相应的措施和改进方案，加强产品质量控制、调整价格策略、优化销售渠道等；针对发现的销售机会和潜力，可以制订相应的销售计划和推广策略，开拓新市场、拓展新客户、推出新产品等。

（三）及时调整销售策略和计划

根据发现的问题和机会，及时调整定价策略、产品组合、促销活动等销售策略，优化销售团队的资源分配和工作重点，以实现销售目标和持续增长。根据市场变化和客户需求，及时调整定价策略。定价策略是销售策略中的关键一环，它直接影响产品的竞争力和销售效果。通过及时调整定价策略，可以更好地适应市场变化，满足客户需求，提高产品的竞争力和销售效果。例如，针对市场竞争加剧或成本变化，可以调整产品价格，提高市场竞争力；针对客户需求变化或市场需求增加，可以调整价格策略，推出促销活动，吸引客户并提高销售量。

根据市场反馈和销售数据，及时调整产品组合。产品组合是企业销售的核心内容，它直接关系到销售的效果和绩效水平。通过及时调整产品组合，可以满足客户需求，提高销售效果和绩效水平。例如，针对市场趋势和客户需求的变化，可以调整产品组合，增加畅销产品或推出新品种，扩大销售范围和提高市场占有率。根据市场竞争和销售数据，及时调整促销活动。促销活动是提高销售效果和促进销售增长的重要手段，它可以吸引客户、增加销售量、提高客户满意度。通过及时调整促销活动，可以更好地适应市场竞争和客户需求。例如，针对竞争对手的促销活动或市场需求的变化，可以调整促销策略，推出新的促销方案或调整促销周期，提高促销效果和销售量。根据销售数据和业绩指标，及时调整销售团队的资源分配和工作重点。销售团队是实现销售目标的关键力量，它直接影响销售效果和绩效水平。通过及时调整销售团队的资源分配和工作重点，可以提高销售效率和绩效水平。例如，针对销售团队的业绩表现和市场需求的变化，可以调整销售团队的人员编制和工作任务，加强重点客户的开发和维护。

第二节　销售计划的编制

一、制订销售计划

（一）评估销售活动

销售活动包括市场推广、广告、促销活动、展会参与等，针对每种销售活动，都需要进行成本估算和效果评估，以确保资源的有效利用和销售目标的实现。对各种销售活动进行成本估算。销售活动的成本包括直接成本和间接成本两部分。直接成本是指与销售活动直接相关的成本，如广告费用、促销费用、展会参展费用等；间接成本是指与销售活动间接相关的成本，如人力成本、场地租赁费用、物流费用等。通过对销售活动的成本进行详细估算，可以帮助企业合理控制成本，确保销售活动的经济效益和可持续发展。评估销售活动的效果和回报。销售活动的效果评估是衡量销售活动是否达到预期目标的重要手段，它包括销售额增长、市场份额提升、客户数量增加、品牌知名度提高等方面的评估。通过对销售活动的效果和回报进行评估，可以及时发现问题和改进空间，提高销售活动的效果和绩效水平。例如，通过比较销售活动前后的销售额、市场份额和客户数量等指标，及时调整策略和优化方案。

确保销售活动与销售目标相匹配。销售目标是企业实现销售目标的关键指标，销售活动应该与销售目标相匹配。通过与销售团队和市场部门的沟通和协作，明确销售目标和销售活动之间的关系，调整销售活动的内容和形式，以确保其与销售目标相匹配。例如，根据销售目标的不同，选择不同的市场推广渠道、广告形式和促销方式，以提高销售效果和绩效水平。制订销售计划，包括销售活动的安排和执行。销售计划是销售管理的重要组成部分，它包括销售目标的确定、销售活动的安排和执行、销售预算的编制和控制等内容。通过制订销售计划，可以有效管理销售资源，明确销售目标和销售活动的关系。例如，制订销售活动的时间表和执行计划，明确销售活动的责任人和执行步骤，确保销售活动按计划顺利进行。

（二）推广费用

在制订推广预算时，需要考虑到广告费、市场调研费用、数字营销费用等因素，并根据市场竞争和目标受众来确定合理的推广预算。广告费用是市场推广中的重要组成部分。广告可以通过多种形式进行，包括传统媒体广告、网络广告、社交媒体广告等。在制订广告费用预算时，需要考虑到广告形式、频率、覆盖面以及预期效果等因素。根据企业的资金情况和市场竞争程度，确定合理的广告费用预算，以确保广告投放的效果和回报。

市场调研费用也是不可忽视的一部分。市场调研是了解目标市场、竞争对手和目标受众的重要手段，可以帮助企业更好地制订市场推广策略和销售计划。在制订市场调研费用预算时，需要考虑到调研方式、调研范围以及数据分析等因素。通过合理的市场调研，可以帮助企业更好地把握市场动态，发现市场机会。数字营销费用也是现代市场推广中的重要部分。随着互联网的普及和移动设备的普及，数字营销已经成为各行各业的主流推广方式。数字营销包括搜索引擎优化（SEO）、搜索引擎营销（SEM）、社交媒体营销、电子邮件营销等多种形式。在制订数字营销费用预算时，需要考虑到不同渠道的费用和效果，并根据目标受众的特点和行为习惯来选择合适的数字营销方式。根据市场竞争和目标受众确定合理的推广预算。市场竞争的激烈程度和目标受众的特点会直接影响到推广费用的确定。在竞争激烈的市场中，企业可能需要增加推广费用以提高曝光度和竞争力；而在目标受众特点明确的情况下，可以更加精准地制订推广策略和选择推广渠道，以降低推广费用并提高推广效果。

二、分配资源和制订时间表

（一）资源分配

1. 物资资源

提供必要的销售工具和物资资源可以帮助销售团队更好地开展销售工作，提高销售效率和绩效水平。这些销售工具和物资资源包括产品目录、销售手册、演示资料等，以及展台、宣传资料、样品等物资，它们为销售团队提供了必要的支持和帮助，确保销售活动的顺利进行。下面是针对物资资源的一些详细考虑和制订销售计划的过程。提供产品目录和销售手册等销售工具。产品目录是销售团队了解企业产品和服务的重要参考资料，它包括产品的特点、规格、价格等信息，可以帮助销售团队更好地向客户介绍产品。销售手册则是销售团队了解销售流程和技巧的重要工具，它包括销售技巧、销售策略、客户案例等内容，可以帮助销售团队提高销售能力和绩效水平。

提供演示资料和样品等销售支持物资。演示资料包括产品演示视频、PPT 演示文稿等，可以帮助销售团队向客户展示产品的特点和优势，吸引客户并促成销售。样品则是客户了解产品质量和效果的重要依据，通过提供样品，可以让客户亲自体验产品，增强购买意愿和信心。准备展台和宣传资料等物资资源。展台是参加展会和活动的重要展示平台，通过设计精美的展台和布置吸引人的宣传资料，可以吸引客户注意，提高品牌知名度和产品认知度。宣传资料包括宣传册、海报、名片等，它们是向客户介绍企业和产品的重要手段，通过设计精美的宣传资料，可以增强客户对企业和产品的好感和信任。根据销售团队的实际需求和销售计划，制订合理的物资资源支持方案。

2. 资金资源

资金资源的合理分配和管理能够有效地支持广告费用、促销费用、团队工资等方面的支出，从而为销售团队提供必要的支持和保障。根据销售预算确定资金支出的规模和范围。销售预算是销售管理中的重要组成部分，它包括广告费用、促销费用、团队工资等各个方面的支出，是企业在销售活动中的资金支持计划。根据企业的销售目标和市场情况，确定合理的销售预算，确保销售活动的顺利开展和实现销售目标。

合理安排资金支出的优先级和比例。在确定资金支出的规模和范围之后，需要根据销售活动的重要性和紧急程度。例如，对于重要的广告活动和促销活动，可以适当增加资金支出的比例；而对于一般的销售活动和支出项目，则可以适当控制资金支出的比例，以保证资金的合理利用和保障销售活动的顺利进行。密切监控资金支出的执行情况和效果。资金支出的执行情况和效果直接影响着销售活动的效果和绩效水平，因此需要密切监控资金支出的执行情况和效果，及时发现问题和改进空间。通过建立有效的资金监控和报告机制，及时了解资金支出的执行情况和效果，及时调整销售计划和优化资金支出方案，以确保销售活动的顺利进行和实现销售目标。根据销售计划合理编制资金支出预算。

（二）时间表安排

1. 销售活动安排

销售活动安排是根据销售目标和市场需求，制订具体的时间表和活动安排。销售活动包括参加展会、举办促销活动、开展客户拜访等，每个活动都需要合理安排时间和资源，以提高销售效率和绩效水平。根据销售目标和市场需求确定销售活动的类型和范围。销售活动的类型包括参加展会、举办促销活动、开展客户拜访等，每种类型的活动都有不同的目标和效果，需要根据实际情况进行选择和安排。例如，如果企业需要提高品牌知名度和产品认知度，可以选择参加行业展会；如果企业需要提高销售额和市场份额，可以选择举办促销活动。确定销售活动的时间和地点。根据销售活动的类型和范围，确定活动的举办时间和地点，以便销售团队合理安排时间和资源，确保活动的顺利进行。例如，如果参加行业展会，需要提前确定展会的举办时间和地点，并安排好展台和展品；如果举办促销活动，需要根据目标受众的特点和行为习惯，选择合适的时间和地点，以提高活动的效果和回报。

安排销售团队的参与和配合。销售活动通常需要销售团队的参与和配合，他们负责活动的执行和销售工作，因此需要提前安排好销售团队的参与和配合。例如，需要安排销售团队的人员参与展会的布置和展示，并负责与客户的沟通和洽谈；需要安排销售团队的人员参与活动的策划和执行。根据销售目标和市场需求，明确每个活动的举办时间、地点、参与人员和工作内容。时间表应该合理安排各项活动的顺序和时间节点，确保销售活动之间的协调和配合。

2. 销售团队任务安排

任务安排可以帮助销售团队清楚了解自己的工作内容和截止日期，提高工作效率和绩效水平。销售团队的任务安排包括确定销售目标、分配销售任务、制订销售计划和时间表等，通过合理安排销售团队的任务，可以实现销售目标和持续增长。确定销售目标和任务分配。销售目标是销售团队实现的具体目标和指标，它可以根据企业的销售计划和市场需求确定，例如，销售额、市场份额、客户数量等。销售任务分配是根据销售目标和销售计划，将销售任务合理分配给销售团队的各个成员，确保每个成员都有明确的工作内容和任务目标。任务分配可以根据销售人员的能力和经验、市场需求和销售目标等因素进行调整和优化。

制订销售计划和时间表。销售计划是销售团队实现销售目标的具体行动方案，它包括销售策略、销售活动、销售预算等内容，是销售团队工作的总体指导方针。销售时间表是根据销售计划确定的具体时间表和工作安排，包括销售活动的举办时间、销售任务的完成时间等，可以帮助销售团队合理安排时间和资源，确保销售目标的顺利实现。使用销售管理工具或日程安排软件进行任务管理和跟踪。销售管理工具和日程安排软件可以帮助销售团队更好地管理和跟踪销售任务的执行情况和进度。销售管理工具可以包括销售管理系统、客户关系管理系统等，通过这些工具可以记录销售任务的完成情况、跟进客户的进展情况等，提供数据支持和决策参考，以优化销售团队的工作流程和提高销售效率。定期评估销售团队的工作效果和绩效水平。销售团队的工作效果和绩效水平直接影响着销售目标的实现和企业的发展，因此需要定期评估销售团队的工作效果和绩效水平。通过定期开展销售团队的绩效评估和考核，可以发现销售团队的优势和不足之处，及时调整销售策略和任务安排。

第三节　销售目标的设定

一、分解目标

（一）确定分解目标的维度

分解目标是将整体销售目标细化为具体的子目标，以便更好地实施和监控销售活动。分解目标可以按照不同的维度进行，例如按产品线、地区、销售渠道等进行分解，使销售目标更具可操作性和可实现性。根据企业的整体销售目标确定分解目标的维度。销售目标通常是企业在一定时期内实现的具体销售指标和业绩目标，它可以根据企业的发展战略和市场需求确定。在确定分解目标的维度时，可以考虑企业的产品线、地区市场、销售渠道等因素，以便更好地分解和管理销售目标。将整体销售目标分解为具体的子目标。根据确定的分解目标维度，将整体销售目标逐步分解为具体的子目标，例如按产品线划分销售目标、按地区划分销售目标、按销售渠道划分销售目标等。每个子目标都应该是具体、可衡量、可达成的，以确保销售目标的有效实施和监控。

（二）确定每个子目标的具体内容和实施计划

对于每个子目标，需要确定其具体内容和实施计划，包括销售目标的数量、时间节点、责任人等，以便销售团队清楚了解自己的任务和工作重点。例如，对于按产品线划分的销售目标，可以确定每条产品线的销售目标数量、销售时间周期、销售策略等，以便销售团队有针对性地开展销售工作。建立销售目标的监控和评估机制。销售目标的分解只是第一步，还需要建立有效的监控和评估机制，及时跟踪销售目标的实施情况和达成情况。通过定期的销售目标评估和考核，可以及时调整销售策略和任务安排。

二、考虑市场因素

（一）分析市场趋势

考虑市场因素可以帮助企业更好地理解市场环境、竞争格局和行业趋势，从而确定合理的销售目标并制订相应的销售策略。通过分析市场趋势、竞争情况和行业发展趋势，企业可以更准确地把握市场机会和挑战，制订出更具挑战性和可实现性的销售目标。市场趋势是指市场在一定时期内的发展方向和变化趋势，包括市场需求、消费习惯、产品技术等方面的变化。通过分析市场趋势，可以了解市场的动态变化和发展趋势，从而为销售目标的设定提供参考依据。例如，如果市场需求呈现增长趋势，企业可以设定更高的销售目标以满足市场需求；如果市场竞争加剧，企业可以设定更具挑战性的销售目标以提高市场占有率。

（二）研究竞争情况

竞争情况是指市场上的竞争格局、竞争对手及其优势劣势等方面的情况。通过研究竞争情况，可以了解市场上的竞争对手及其市场份额、产品定位、销售策略等情况。例如，如果市场上存在强大的竞争对手，企业可以设定更具挑战性的销售目标以提高竞争力；如果市场上存在市场空白或竞争较弱的区域，企业可以设定更高的销售目标以扩大市场份额。关注行业发展趋势。行业发展趋势是指行业在未来一段时间内的发展方向和变化趋势，包括技术创新、政策法规、消费趋势等方面的变化。通过关注行业发展趋势，可以了解行业的发展前景和潜在机会。例如，如果行业出现技术革新或政策利好，企业可以设定更具挑战性的销售目标以抓住市场机会；如果行业面临市场萎缩或政策限制，企业可以设定更加稳健的销售目标以应对市场风险。

三、考虑资源限制

销售团队的人力、财力和时间等资源是企业实现销售目标所必需的，因此，在设定销售目标时必须充分考虑这些资源的限制，确保销售目标与资源之间的平衡和匹配。评估销售团队的人力资源。销售团队的人力资源是实现销售目标的重要保障，因此，在设定销售目标时必须充分评估销售团队的人力资源情况，包括销售人员的数量、能力和经验等方面。根据销售团队的实际情况，确定合理的销售目标，并确保销售目标与销售团队的人力资源之间的平衡和匹配，避免设定过高或过低的销售目标。考虑销售团队的财力资源。[①] 销售活动需要一定的财力支持，包括市场推广费用、销售促销费用、销售团队的薪酬和激励等方面的支出。在设定销售目标时，必须充分考虑销售团队的财力资源情况，并确保销售目标与财力资源之间的平衡和匹配，避免因为财力不足而无法实现销售目标。

考虑销售团队的时间资源。时间是限定销售活动和实现销售目标的重要因素，因此，在设定销售目标时必须充分考虑销售团队的时间资源情况，包括销售周期、季节性变化等因素。根据销售团队的时间资源情况，并确保销售目标与时间资源之间的平衡和匹配，避免因为时间不足而无法实现销售目标。建立销售目标的监控和调整机制。销售目标的设定只是第一步，还需要建立有效监控和调整机制，及时跟踪销售目标的实现情况和达成情况。通过定期的销售目标评估和调整，可以根据销售团队的资源限制和实际情况，及时调整销售目标，保持销售目标与资源之间的平衡和匹配。

---

① 曾庆峰. 销售团队建设在企业中的重要作用分析 [J]. 东方企业文化, 2023 (S2): 74-76.

第四节 销售策略与规划的实施与评估

一、销售策略与规划的实施

（一）培训与准备

1. 进行产品知识培训

通过提供必要的培训和资源，可以使销售团队具备所需的技能和知识，从而更好地执行销售策略并达成销售目标。产品知识是销售人员必备的基础知识，只有充分了解企业的产品特点、功能优势、应用场景等信息，销售人员才能更好地向客户推销产品并解决客户问题。因此，企业应该提供系统全面的产品知识培训，包括产品的技术规格、使用方法、售后服务等方面的内容，以确保销售团队对产品了如指掌。

2. 进行销售技巧培训

销售技巧是销售人员在销售过程中必须具备的能力，包括与客户沟通技巧、销售谈判技巧、客户关系管理等方面的技能。企业可以通过培训课程、角色扮演、案例分析等形式，对销售团队进行销售技巧的培训，提升销售人员的专业水平和销售效率。进行市场和竞争情报的培训。了解市场和竞争情报对于制订有效的销售策略和规划至关重要。因此，企业可以通过培训课程、市场调研报告、竞争分析等方式，向销售团队提供市场和竞争情报的培训，使销售人员了解市场动态、竞争对手及其优势劣势，从而更好地制订销售策略并应对市场挑战。在提供必要的培训之后，企业还需要提供相关的资源和支持，以确保销售团队能够顺利执行销售策略和规划。这可能包括提供销售工具和资料，如产品目录、销售手册、演示资料等，为销售团队提供必要的物资支持，如展台、宣传资料、样品等，以及提供销售支持和指导，如销售团队的辅导和指导，销售经理的指导和监督等。

（二）建立销售流程

一套清晰、高效的销售流程可以帮助销售团队更好地把握销售机会，提高客户满意度，从而推动企业业绩的持续增长。设计潜在客户获取环节。潜在客户获取是销售流程的第一步，也是最关键的一环。企业可以通过多种途径获取潜在客户，如市场调研、线上线下宣传、广告推广等。在设计潜在客户获取环节时，需要确定潜在客户的来源渠道，明确潜在客户的特征和需求，以便有针对性地开展后续的销售活动。建立销售漏斗管理环节。销售漏斗是指销售过程中从潜在客户到成交客户的转化过程，包括客户了解、兴趣、决策和购买等不同阶段。建立销售漏斗管理环节可以帮助销售团队跟踪销售机会的转化情况，及时发现和解决销售过程中的问题。在建立销售漏斗管理环节时，需要确定销售漏斗的各个阶段，设定相应的销售指标和监控机制，以确保销售机会能够顺利转化为成交客户。

建立客户关系管理环节。客户关系管理是指通过建立良好的客户关系，增强客户忠诚度，从而促进客户再次购买和口碑传播的过程。建立客户关系管理环节可以帮助企业更好地理解客户需求，提供个性化的服务和支持，加强与客户的沟通和互动，从而建立长期稳定的合作关系。在建立客户关系管理环节时，需要建立客户档案，记录客户信息和交流记录，制订个性化的服务计划，定期进行客户满意度调查等。确保销售流程与整个组织的运作相协调。销售流程不是孤立存在的，它需要与企业的其他部门和流程相协调，如市场营销、产品开发、客户服务等。因此，在设计和建立销售流程时，需要与相关部门进行密切合作，确保销售流程与整个组织的运作相互配合，实现协同作战，共同推动企业的发展。

二、销售策略与规划的评估

（一）市场竞争分析

市场竞争分析可以帮助企业了解竞争对手的销售策略。通过分析竞争对手的销售策略，包括定价策略、促销活动、渠道选择等，企业可以了解竞争对手的优势和劣势，及时调整自身的销售策略，提高竞争力。例如，如果竞争对手采取了降价促销的策略，企业可以考虑调整自身的定价策略，或者通过其他方式提升产品的附加值，以吸引更多客户。

市场竞争分析可以帮助企业了解竞争对手的业绩表现。通过分析竞争对手的销售额、市场份额、增长率等指标，企业可以了解竞争对手在市场上的地位和表现，及时调整自身的销售目标和策略，以更好地应对市场竞争。例如，如果竞争对手的市场份额在不断增加，企业可以考虑加大市场推广力度，提升品牌知名度，争夺更多的市场份额。市场竞争分析可以帮助企业了解市场竞争格局和趋势。通过分析竞争对手的数量、规模、产品特点等，企业可以了解市场的竞争程度和趋势，从而调整自身的销售策略和规划。例如，如果市场上竞争对手数量众多，市场竞争激烈，企业可以加强产品创新和品牌建设，以提高竞争力，赢得更多的市场份额。在评估销售策略与规划时，市场竞争分析起着至关重要的作用。企业需要根据竞争对手的销售策略和业绩表现，以及市场竞争格局和趋势，评估自身的销售策略和规划是否符合市场需求和趋势，是否具有竞争优势，以及是否能够实现销售目标。如果发现自身的销售策略存在不足或不适应市场需求，企业需要及时调整和优化，以提高销售绩效和市场竞争力。

（二）成本效益分析

成本效益分析帮助企业评估销售策略的有效性和经济性，确保销售活动的投入能够取得合理的回报。进行销售成本的评估。销售成本是指企业在销售活动中所发生的各项费用，包括人力成本、推广费用、销售渠道费用等。对销售成本进行分析可以帮助企业了解销售活动的成本结构和分布情况，以及各项成本的占比情况。通过评估销售成本，企业可以确定哪些成本是必要的、合理的，哪些成本可以节约或优化，从而提高销售活动的成本效益。

进行获客成本的评估。获客成本是指企业获取新客户所需的成本，包括市场推广费用、销售人员的薪酬和奖励、客户服务成本等。评估获客成本可以帮助企业了解获取新客户的难易程度和成本，以及不同渠道和方式的获客效率。通过评估获客成本，企业可以确定哪些获客渠道和方式最佳，哪些渠道和方式需要调整或淘汰，以提高获客效率和降低成本。进行销售业绩与投入的对比分析。将销售业绩与销售投入进行对比分析，计算销售投入的回报率和投入产出比，评估销售活动的成本效益情况。通过对比分析，企业可以了解销售活动的投入是否得到了合理的回报，是否达到了预期的效果，以及是否存在优化的空间。如果发现销售投入的回报率较低或投入产出比不合理，企业可以及时调整销售策略和规划，以提高成本效益。进行长期效益的考量。除了短期成本效益分析外，企业还需要考虑销售策略和规划对企业长期发展的影响。例如，某项销售活动可能在短期内带来较高的成本，但从长期看能够促进品牌知名度提升，拓展市场份额，增强客户忠诚度等，从而带来更大的长期收益。因此，企业在进行成本效益分析时，需要综合考虑短期效益和长期效益，避免仅局限于短期投入产出比，而忽视了长期发展的重要性。

第三章 销售组织与团队建设

第一节 销售组织的结构与职责分工

一、销售组织的结构

(一) 区域结构

区域结构是一种简单而有效的销售组织结构，适用于产品和市场具有相对集中性的企业。在这种结构下，每位销售人员被分配到特定的销售区域，负责销售企业全线产品。这种组织结构具有一定的优点和局限性，需要根据企业的特点和市场需求进行合理选择和应用。区域结构的优点在于销售责任明确，每位销售人员负责特定的销售区域，有助于提高销售人员的责任感和工作士气。销售人员可以全面了解所负责的区域市场情况，更好地开展销售工作。同时，销售经理也可以更容易地对销售人员进行考核和管理，有助于提高销售团队的整体绩效。区域结构培养了销售人员的独立能力，他们需要自主开展销售工作并独立应对区域内的销售挑战。这有助于提高销售人员的专业水平和个人工作地位，激发其自主性和创造性，从而增强销售团队的整体竞争力。

区域结构能够节省企业的销售成本。由于销售人员只负责特定的区域，不需要频繁地跨区域出差，可以节省交通费和通信费等成本。这有助于提高销售效率和降低销售成本，为企业创造更多的利润空间。然而，区域结构也存在一些局限性。它适用于市场比较集中、产品和顾客具有相似特性的企业。如果企业的产品和市场较为分散，区域结构可能会导致销售效果不佳。因为不同区域的市场特点和操作规律可能不同，销售人员需要花费更多的时间和精力来适应，从而降低销售效率。区域结构可能会导致销售人员之间的信息孤岛和资源浪费。每位销售人员只负责特定的区域，可能会导致信息交流不畅，难以共享经验和资源。此外，如果某些区域的销售需求较低，可能会导致销售人员的资源浪费，影响企业的整体销售绩效。

（二）产品结构

产品结构是一种按照产品线组织销售团队的销售组织结构。不同的销售人员负责销售企业内不同产品线的产品。这种组织结构适用于产品高度专业化、种类繁多且相互独立的企业，有助于提高销售人员对产品的专业水平和销售效率。产品结构的优点在于销售人员专业化。由于产品种类繁多且高度专门化，不同产品的销售需要具备相应的专业知识和技能。因此，采用产品结构可以使销售人员专注于特定产品线，更深入地了解产品特性和市场需求。

产品结构有利于销售团队的管理和培训。由于销售人员专注于特定产品线，销售经理可以更加精准地进行团队管理和培训，针对不同产品线的销售人员实施个性化的培训计划，提高其专业水平和销售技巧。产品结构有助于提高销售人员的工作动力和士气。每位销售人员负责的产品线明确，销售任务明确，有助于激发其对工作的热情和责任感。销售人员可以更专注于所负责的产品线，发挥其专业优势，从而提高工作效率和个人成就感。然而，产品结构也存在一些局限性。由于不同产品线的销售人员相互独立，可能会导致信息孤岛和资源浪费。不同产品线的销售人员可能难以共享经验和资源，影响销售团队的整体协作和效率。如果产品线之间存在交叉销售或潜在的销售机会，产品结构可能会阻碍销售团队的跨产品销售和综合销售能力的发挥。

（三）组合式销售人力结构

组合式销售人力结构是一种根据企业销售的产品种类、顾客类型和销售区域等因素进行排列组合，设计出多维度的销售组织架构。这种结构允许企业根据具体情况，灵活地安排销售人员的工作任务和责任范围，以更好地适应市场需求和销售目标。区域-产品结构将销售人员按照区域和产品线进行划分。每个销售人员负责特定区域内的特定产品销售，从而实现销售任务的有效执行和市场覆盖的全面性。这种结构能够充分发挥销售人员的专业能力。

区域-顾客结构将销售人员按照区域和顾客类型进行划分。每个销售人员负责特定区域内特定类型的顾客，根据顾客需求和偏好提供个性化的销售服务。这种结构有助于销售人员更深入地了解顾客需求，提高销售转化率和客户忠诚度。顾客-产品结构将销售人员按照顾客类型和产品线进行划分。每个销售人员负责特定类型的顾客，同时销售多个产品线的产品，以满足不同顾客群体的需求。这种结构有助于拓展客户群体，扩大销售覆盖范围和市场份额。区域—顾客—产品结构将销售人员按照区域、顾客类型和产品线进行划分。每个销售人员同时负责特定区域内特定类型的顾客，销售多个产品线的产品。这种结构综合考虑了区域、顾客和产品三个维度，有助于实现销售任务的全面完成和市场目标的有效实现。

二、销售组织的职责分工

（一）销售部门

销售部门通常根据不同的因素进行职责分工，包括市场、产品或客户等因素。根据市场划分，销售部门可以设立不同的销售小组或销售区域，每个小组负责特定市场范围内的销售工作。这样的划分有助于销售团队更好地了解和服务特定市场。另外，根据产品划分，销售部门可以设立不同的产品销售小组，每个小组负责特定产品线的销售工作。这样的划分有助于销售人员更深入地了解和推广特定产品，提高产品销售量和市场占有率。此外，根据客户划分，销售部门可以设立不同的客户销售小组，每个小组负责特定类型客户的销售工作。这样的划分有助于销售团队更精准地了解和满足客户需求。

销售部门的职责还包括与客户进行沟通和交流，促成交易的达成。销售人员需要通过电话、邮件、面谈等方式与潜在客户或现有客户进行沟通，了解其需求和意向，提供产品或服务信息，引导客户进行购买决策，并最终促成交易的成功达成。销售部门需要具备良好的沟通能力、销售技巧和客户服务意识，以确保与客户之间的良好关系和业务合作。销售部门还需要负责制订销售策略和计划，监控销售业绩和市场动态，及时调整销售策略和行动计划。销售部门需要根据市场需求、竞争情况和企业发展目标，制订销售目标和计划，明确销售任务和工作重点。同时，销售部门需要建立有效的销售绩效监控体系，定期对销售业绩和市场情况进行评估和分析，并及时调整销售策略和行动计划，以确保销售目标的实现和市场竞争力的提升。

（二）销售运营部门

销售运营部门负责销售数据的收集、分析和处理。销售数据是销售活动的重要指标，包括销售额、销售量、客户反馈等信息。销售运营团队通过收集和整理这些数据，分析销售趋势、客户偏好和市场需求，为销售策略的制订和调整提供数据支持。他们利用数据分析工具和技术，深入挖掘数据背后的价值，帮助销售团队更好地理解市场动态，抓住销售机会，解决销售难题。

销售运营部门负责制作销售报告和分析报告。销售报告是对销售活动和业绩的总结和分析，包括销售目标的达成情况、销售趋势的分析、市场份额的变化等内容。销售运营团队根据销售数据和业绩指标，及时制作和发布销售报告，向管理层和销售团队汇报销售情况，评估销售绩效，发现问题并提出改进建议。销售报告的及时准确，有助于企业及时调整销售策略和应对市场变化，提高销售业绩和竞争力。销售运营部门负责管理销售管道和销售工具。销售管道是销售团队获取潜在客户和推动销售的渠道和手段，包括线上线下渠道、营销活动、合作伙伴关系等。销售运营团队通过管理销售渠道，确保销售资源的合理分配和利用，优化销售流程。同时，他们还负责提供销售团队所需的销售工具，如 CRM 系统、销售报表、销售文档等，以支持销售活动的顺利开展。

（三）战略规划部门

战略规划团队负责制订销售战略和目标。他们通过对市场趋势、竞争情况和企业自身实力的分析，确定企业的市场定位和发展方向。根据企业的发展战略和目标，制订符合市场需求和企业资源的销售战略，明确销售目标和关键绩效指标。战略规划部门与高层管理层密切合作，确保销售战略与企业整体战略的一致性，并为企业的长期发展提供战略指导。战略规划部门负责确定目标客户群体和市场定位。他们通过市场调研和分析，了解目标客户的需求、偏好和行为特点，确定最具潜力的客户群体和细分市场。根据客户群体的特点和需求，制订有针对性的销售策略和市场推广计划。战略规划部门负责选择和管理销售渠道。他们通过评估各种销售渠道的优劣势，确定最适合企业产品和市场的销售渠道。战略规划团队与销售运营部门和市场营销部门合作，确保销售渠道的有效运作和协调，以最大程度地扩大销售网络和覆盖范围。战略规划部门负责监测和调整销售战略和计划。他们定期评估销售绩效和市场反馈。根据市场变化和业务发展，调整销售战略和计划，以保持竞争优势并实现销售目标。

第二节　销售团队的建设与激励

一、销售团队的建设

（一）销售团队建设在企业管理中的作用

1. 带动产品使用用户居住区交互

销售团队的成员需要具备良好的沟通能力、销售技巧和对产品的深入了解，以有效地开展直接和间接的交互式营销活动，扩充用户区范围并加强用户之间的交流。建设销售团队需要招募具有积极主动性和良好沟通能力的销售人员。这些销售人员应该对产品有深入了解，并具备良好的销售技巧和谈判能力。他们应该能够与潜在客户建立良好的关系，了解他们的需求并提供满足其需求的解决方案。此外，销售团队成员还应该具备团队合作精神，能够与团队其他成员密切合作。

销售团队需要进行定期的培训和学习，以不断提升销售技能和产品知识。培训内容可以包括产品知识培训、销售技巧培训、客户关系管理培训等。通过不断学习和提升，销售团队成员能够更好地应对不同的销售情况，提高销售效率和成果。建设销售团队需要建立有效的激励机制，激励销售人员积极主动地开展销售活动。激励可以通过提供奖金、提升职位、提供培训机会等方式来实现。销售团队成员应该根据其销售业绩和贡献程度进行奖励和认可，以激发其积极性和工作动力。销售团队的建设需要建立有效的沟通机制和团队管理制度。销售团队成员之间应该保持良好的沟通和协作，及时分享销售情报和市场信息，共同制订销售策略和计划。销售团队的管理者应该对团队成员进行有效管理和指导，确保销售活动的顺利开展和销售目标的实现。

2. 促进大型客户成交

促进大型客户成交是企业销售团队的一项重要任务，需要建设一个高效专业的销售团队，以有效地与大型客户进行沟通和交流，并最终促成交易的达成。建设一个专业化的销售团队。对于大型客户，销售团队成员需要具备较高的专业素养和销售技能。他们应该具备深入的产品知识和行业知识，能够准确把握客户需求，并提供专业的解决方案。此外，销售团队成员还应该具备优秀的沟通和谈判技巧，能够与客户建立信任关系，并有效地推动交易的达成。建设一个密切协作的销售团队。对于大型客户来说，销售过程可能需要多个部门和团队的协作。因此，销售团队成员需要具备良好的团队合作精神，能够与内部的其他部门和团队密切合作，共同为客户提供全方位的服务和支持。团队成员之间的协作应该紧密配合，确保客户需求得到及时和全面满足。建设一个注重客户关系管理的销售团队。销售团队成员应该与客户建立密切的关系，并定期进行沟通和交流，了解客户的需求和反馈，及时解决问题和提供支持。此外，销售团队还应该建立客户数据库，以便有效地进行客户管理和跟进。建设一个具有持续学习和创新精神的销售团队。销售行业和市场环境都在不断变化，销售团队成员需要保持学习的状态，不断更新知识和技能，以应对市场的挑战和变化。销售团队应该鼓励成员进行持续学习和专业培训，不断提升自己的专业素养和销售能力。同时，销售团队还应该鼓励成员不断创新，寻找新的销售机会和方式，为客户提供更优质的服务和解决方案。

3. 挖掘潜在客户

建设一个具有专业知识和技能的销售团队。销售团队成员需要具备良好的产品知识和销售技巧，能够准确地向潜在客户介绍公司的产品或服务，并有效地引导他们成为潜在客户。因此，公司应该为销售团队提供专门的产品知识培训和销售技巧培训，确保他们能够胜任销售工作。建设一个注重团队协作和合作的销售团队。挖掘潜在客户通常需要销售团队成员之间的紧密协作和配合。销售团队应该建立良好的团队合作精神，共同制订挖掘潜在客户的计划和策略，并共同推动执行。团队成员之间应该相互支持和协作，共同努力实现销售目标。[①] 挖掘潜在客户不仅需要吸引他们的注意，还需要建立良好的客户关系，与他们建立长期的信任和合作关系。销售团队应该与潜在客户建立密切的联系，定期进行沟通和交流，了解他们的需求和反馈，并及时提供支持和解决方案。建设一个具有创新和执行力的销售团队。挖掘潜在客户需要不断创新和尝试新的销售方法和策略。销售团队应该具备创新意识，不断寻找新的销售机会

---

① 张蔓蔓. 浅议销售团队培训体系的模式创新［J］. 现代商业，2022（03）：69-71.

和方式，积极主动地开展各种销售活动，提高潜在客户的转化率。同时，销售团队还应该具备较强的执行力，能够有效地执行销售计划和策略，确保销售目标的达成。

4. 解决客户差异化需求

针对不同类型的客户，包括老客户、意向客户和潜在客户，需要有针对性地制订营销策略，以满足其各自的需求和期待。在这个过程中，销售团队的建设和培训是至关重要的，他们需要具备良好的沟通能力、专业知识和情商，以应对不同客户的挑战和需求。了解客户的差异化需求是解决问题的第一步。这需要建立一个全面的客户信息数据库，包括客户的基本信息、购买记录、偏好和反馈等。通过数据分析和市场调研，可以更清晰地了解不同客户群体的特点和需求，为针对性营销策略提供依据。针对不同类型的客户群体，制订相应的营销策略和方案。对于老客户，可以通过定期的客户回访和优惠活动来保持他们的忠诚度，并不断挖掘他们的潜在需求，提供个性化的服务和产品。对于意向客户，可以通过精准的营销推广和个性化的沟通，引导他们成为忠诚客户。对于潜在客户，可以通过市场推广和产品展示，提高他们的认知度和兴趣，并促成初步的合作。销售团队在这个过程中起着至关重要的作用。他们需要具备良好的产品知识，了解市场动态和竞争对手的情况，以便为客户提供专业的咨询和建议。同时，他们还需要具备良好的沟通能力和服务意识，善于倾听客户的需求，并及时解决他们的问题。销售团队的建设可以通过定期的培训和学习来实现，包括产品知识培训、销售技巧培训和客户服务培训等，以提升团队的整体素质和竞争力。除了销售团队的建设，还需要建立健全的客户反馈机制，及时收集客户的意见和建议，不断改进和优化产品和服务，以满足客户不断变化的需求。同时，还需要建立良好的客户关系管理系统，对客户进行分类和分级管理，制订个性化的营销方案，提高客户的满意度和忠诚度。

（二）如何进行销售渠道建设

1. 加强与销售团队沟通过程中的理解

在营销团队中，销售主管的沟通方式和效果直接影响团队的执行力和销售成绩。然而，销售主管往往容易出现过度规划、命令不准确等问题，导致团队沟通不畅，从而影响工作效率和销售业绩。过度规划指的是销售主管在制订销售计划或安排工作时，过分理想化或不切实际，缺乏对市场或客户需求的准确了解和考量。这种情况下，销售团队可能被要求执行的任务与实际情况不符，导致团队的动力和信心受到打击，进而影响到工作的执行效果。为解决这一问题，销售主管需要更加注重对市场和客户的调研，确保制订的销售计划符合实际情况和客户需求。同时，也需要与团队成员进行充分沟通，了解他们对销售任务和计划的看法和建议，以达成共识并制订可行的执行方案。

命令不准确也是导致沟通不畅的一个重要原因。销售主管在向下属传达任务或工作要求时，如果表达不清晰或含糊不清，容易导致销售员理解偏差或执行错误。及时的双向沟通就显得尤为重要。销售主管可以在传达命令后，及时向下属确认其理解情况，通过提问或要求复述任务要求的方式，检验下属是否正确理解了自己的意图。如果发现下属理解有误，销售主管则需要及时进行纠正和说明，以确保任务的准确执行。这种双向沟通的做法不仅能够帮助销售团队成员更好地理解任务要求，还能增强团队的凝聚力和执行力。要加强与销售团队沟通中的理解，除了销售主管的指导和纠正，团队建设也是至关重要的一环。销售团队需要建立良好的团队氛围和文化，鼓励成员积极沟通和合作。团队成员之间可以通过定期的团队会议、讨论和交流，分享工作经验和心得体会，共同解决工作中的问题，提升团队整体的执行力和效率。销售团队成员需要接受相关的培训和学习，提升自身的沟通能力和执行能力。这包括销售技巧培训、沟通技巧培训、团队协作培训等，以提高团队成员的专业素质和综合能力。同时，也需要建立良好的反馈机制，鼓励团队成员对工作中出现的问题和困难进行及时沟通和反馈，以便及时解决和改进。

2. 采取多样化的沟通形式

在一个多样化的销售团队中，成员之间的沟通可能受到各种因素的影响，包括年龄、性格、教育背景等。为了保障团队成员之间的顺畅沟通，并确保团队的团结和协作性，销售主管需要采取多样化的沟通形式，同时团队成员也需要设身处地地理解他人，共同促进团队的发展。销售主管需要了解团队成员的特点和沟通偏好，以制订相应的沟通策略。对于不同年龄层次的销售人员，可以采取不同的沟通方式。例如，对于年轻的销售人员，可以借助新媒体和社交平台进行沟通，如微信群、在线会议等，以便他们更快捷地获取信息和交流想法。而对于年长的销售人员，则可以更多地采用面对面的沟通方式，如团队会议、个人谈话等，以便更好地建立信任和共鸣。销售主管可以引导团队成员参与团队建设活动，提升团队的凝聚力和协作性。团队建设活动可以包括团队游戏、团队拓展训练、团队合作项目等，通过这些活动，可以增进团队成员之间的了解和信任，促进团队的合作和协作，从而提高团队的整体执行力和效率。同时，团队成员也需要设身处地地理解他人，尊重和包容团队中的不同声音和观点。在团队沟通中，应该积极倾听他人的建议和意见，理解他人的想法和需求，并尽量采取包容和协调的态度，以促进团队的和谐发展。在面对意见相左的情况时，可以通过开放性的讨论和交流，寻求共识和解决方案，以达成团队的共同目标。团队成员也可以通过提升自身的沟通能力和情商，更好地适应团队的多样化沟通环境。可以通过参加沟通技巧培训、情商提升课程等方式，提升自己的沟通能力和情商水平，从而更好地与团队成员进行有效沟通和协作。

3. 提高成员工作效率

为了有效提高成员的工作效率，销售主管需要在人员聘用、团队建设和管理等方面下功夫，同时注重培养团队的合作精神和积极的工作态度。在人员聘用时，销售主管需要选择可塑性强、有干劲和决心的人才。这类人才通常具有学习能力强、适应能力强、执行力强的特点，能够快速适应工作环境并不断提升自己的能力和业绩。同时，销售主管也需要为团队成员提供必要的培训和支持，帮助他们不断提升专业知识和销售技能。

在团队建设和管理方面，销售主管可以采取一系列措施来提高成员的工作效率。要创建一个透明的竞争环境，通过设定明确的销售指标和考核标准，激发成员的竞争意识和工作动力。这样可以帮助团队成员明确目标，保持专注。销售主管要充分利用团队合作精神，协调下属之间的协商处理，减少内部的摩擦和矛盾。销售主管还需要时刻关注员工的心态，给予他们必要的引导和帮助，提升他们的抗压能力和工作积极性。可以通过定期的个人谈话、团队会议等方式，了解员工的工作状态和心理需求，并根据实际情况做出相应的调整和支持。在平时的工作中，销售主管可以加强企业文化的宣传，营造和谐的工作氛围，帮助员工树立良好的事业观。可以通过组织团队活动、员工培训等方式，增进团队成员之间的交流和互动，提升团队的凝聚力和向心力。同时，销售主管也可以通过榜样力量来引领团队，树立良好的工作风气和价值观，激励团队成员不断进步和提高。

4. 设立团队战略目标

为了最大化地提高人力物力的利用率，销售团队需要合理优化人力物力的配置，并通过加强对人力物力的合理利用，来增加企业的市场份额，实现战略目标。设立清晰明确的战略目标是必不可少的。战略目标应该是具体的、可量化的，并与企业的长期发展密切相关。例如，可以设立增加市场份额、提高销售额、拓展新客户群等具体目标，以便团队成员明确自己的工作方向和目标，努力朝着目标迈进。需要根据战略目标制订相应的战略和策略。战略和策略的制订应该与团队的实际情况和市场环境相结合，以确保能够有效实现战略目标。例如，可以制订拓展新市场、加强现有客户关系、提升产品品质和服务水平等具体战略和策略，以实现增加市场份额的战略目标。然后，需要建立有效的绩效评估体系，对团队成员的工作绩效进行定期评估和反馈。绩效评估体系应该与战略目标密切相关，通过量化指标和KPI（关键绩效指标）来评估团队成员的工作表现，以便及时发现问题和改进措施，确保团队朝着战略目标稳步前进。团队建设和管理也是实现战略目标的重要手段。销售主管需要建立良好的团队文化和团队精神，鼓励团队成员之间的合作和共享，激发团队的凝聚力和执行力。同时，销售主管还需要关注团队成员的成长和发展，提供必要的培训和支持，以提升团队成员的专业能力和工作效率。需要建立有效的沟通机制，确保团队成员之间的信息共享和协作。销售主管可以通过定期的团队会议、工作报告和沟通平台等方式，及时传达战略目标和重要信息，促进团队成员之间的理解和协作，确保团队朝着战略目标共同努力。

5. 建设高绩效营销团队

在选拔人员时，需要考虑所售产品的特点，以及团队所处的市场环境和竞争对手的情况，从而制订适合团队发展需求的招聘方案。例如，如果所售产品属于高端市场，就需要选拔具有较强专业知识和服务意识的销售人员；如果所处市场竞争激烈，就需要选拔具有较强的市场洞察力和竞争意识的销售人员。招聘方案应该根据实际情况，明确岗位需求和人才标准，以便有针对性地吸引和选拔合适的人才。

在进行销售人员的选择时，必须对应聘人员的基本素质加以考核，建立严格的准入制度。人力资源部门可以通过面试、笔试、案例分析等方式，对应聘人员的销售技能、沟通能力、团队合作意识等方面进行综合考核，以筛选出适合团队的优秀人才。

同时，也要重视对应聘者的人品、能力、形象等各个方面的综合评价，确保选出的人才能够符合团队的价值观和文化氛围。除了选拔优秀的销售人才，还需要建立良好的团队建设和管理机制，以提升团队的整体素质和绩效水平。销售主管需要激发团队成员的工作热情和创造力，激励他们不断进取和提高。可以通过设立销售目标、激励机制和培训计划等方式，激励团队成员的积极性和主动性，提升他们的工作绩效和成就感。销售主管还需要建立有效的团队沟通和协作机制，促进团队成员之间的信息共享和协作配合，以增强团队的凝聚力和执行力。销售主管还需要关注团队成员的个人成长和发展，帮助他们不断提升专业能力和工作效率。

6. 完善绩效评估体系与奖励机制

在对销售人才提出高标准的同时，给予合理的待遇和激励，能够有效提升团队的工作热情和积极性，从而达到激励团队成员不断提高业绩的目的。建立科学合理的绩效评估体系是至关重要的。绩效评估体系应该包括客观、可量化的指标，如销售额、客户满意度、市场份额等，以客观评价团队成员的工作表现。可以通过设立个人销售目标、团队销售目标、客户服务指标等方式，及时发现问题和改进措施，以提升团队的整体绩效水平。建立公平公正的薪酬机制是激励团队成员的关键。薪酬机制应该根据绩效评估结果和工作贡献，合理确定团队成员的薪酬水平，让有能力的销售员多劳多得。可以采用基本工资+绩效奖金的方式，将绩效奖金与销售业绩挂钩，激励团队成员积极拓展业务、提升服务质量，从而实现个人和团队的共赢。同时，对业绩突出的销售员予以表彰和物质奖励也是重要的激励手段。可以设立月度、季度、年度等不同层次的销售冠军奖、最佳服务奖等奖项，表彰在业绩和服务上表现优秀的团队成员，激励他们继续保持优秀表现。奖励可以包括奖金、荣誉证书、特别福利等形式，让团队成员感受到自己的努力和付出得到了认可和回报，从而更有动力地投入工作中。

二、销售团队的激励

（一）目标激励

目标激励作为一种重要的激励方式，对于激发销售人员的工作积极性和提高团队整体绩效具有重要意义。它通过为销售人员设定可实现的销售目标，并根据目标完成情况给予相应的奖励或激励，来促使销售人员全力以赴、努力拓展业务、提升销售业绩。设定明确具体的销售目标是目标激励的基础。销售目标应该具有可量化的特点，如销售量、销售额、新客户数、货款回收率等，以便销售人员能够清晰地了解自己的工作任务和完成标准。目标的设定应该具有挑战性和可实现性，既能够激励销售人员的工作积极性，又能够保证目标的完成性，避免给销售人员带来过大的压力和挫折感。

建立科学合理的激励机制是目标激励的关键。激励机制可以包括各种奖励和福利措施，如提成制度、奖金制度、晋升机制、荣誉称号等。销售人员在达成或超额完成销售目标后，可以根据实际情况获得相应的奖励或激励，以激励他们更加努力地工作和拼搏。激励机制应该具有公平公正性，能够根据销售人员的实际贡献和成绩给予相应的奖励，避免出现不公平现象，影响团队的凝聚力和积极性。及时有效地进行激励是目标激励的重要环节。销售人员在完成销售目标后，应该及时获得相应的奖励或激励，以增强其工作积极性和满意度。可以通过设立月度、季度、年度等不同层次的激励计划，及时给予销售人员反馈和奖励，让他们感受到自己的努力和付出得到了认可和回报，从而更加积极地投入工作中。定期评估和调整销售目标和激励机制是目标激励的保障。销售目标和激励机制应该与市场环境和企业发展相适应，及时根据实际情况进行评估和调整，确保其能够有效激励销售人员、提升销售业绩。可以通过定期的绩效评估和团队会议等方式，收集销售人员的反馈和建议，及时调整销售目标和激励机制，以不断提升团队的工作效率和绩效水平。

（二）榜样激励

榜样激励是一种强大而有效的激励方式，通过树立优秀的典型人物，激励销售团队成员不断进取、勇于拼搏，从而提升整个团队的凝聚力和战斗力。在团队中，榜样的力量可以激发团队成员的积极性和斗志，使他们更加努力地追求成功、克服困难，从而实现个人和团队的共同成长。树立榜样需要从优秀的团队成员中选择，并对其进行公开表彰和宣传。这些优秀的团队成员可以是销售业绩突出、工作态度积极、服务质量优秀等方面表现突出的员工。通过在团队内部和企业内部广泛宣传他们的先进事迹和优秀品质，激励其他团队成员以其为榜样，不断提升自己的工作水平和绩效表现。

榜样的力量可以通过故事和案例来展现。可以通过团队会议、培训课程、内部通信等方式向团队成员介绍榜样的事迹和经历，让他们了解优秀团队成员的奋斗历程和成功经验，从而激发他们的学习热情和工作动力。通过真实生动的案例和故事，让团队成员感受到成功的喜悦和背后的艰辛，从而更加珍惜和努力工作。榜样激励需要建立有效的奖励和激励机制。优秀团队成员作为榜样，除了可以获得公开表彰和宣传外，还应该享受到相应的奖励和激励。可以通过提供奖金、晋升机会、特别福利等方式，对优秀团队成员进行奖励和激励，鼓励他们继续保持优秀表现，成为团队的榜样和领导者。持续不断地弘扬榜样的力量是榜样激励的关键。企业应该定期评选和宣传优秀团队成员，让团队成员时刻感受到榜样的存在和影响。可以通过团队会议、内部通信、企业网站等方式，向全体员工介绍榜样的事迹和成就，鼓励大家向优秀团队成员学习。

（三）培训激励

通过为销售人员提供系统全面的培训，不仅可以提升他们的专业技能和销售技巧，还能够激发其工作热情、增强自信心，从而提高整个团队的绩效水平和工作效率。培训激励可以帮助销售人员提升专业技能和销售技巧。销售工作需要具备一定的销售技巧和沟通能力，而通过系统的培训可以帮助销售人员学习和掌握各种销售技巧和方法，提高他们的销售能力和竞争力。例如，可以开展销售技巧培训、产品知识培训、客户沟通技巧培训等，让销售人员不断提升自己的专业水平，更好地应对各种销售挑战和问题。培训激励可以激发销售人员的工作热情和积极性。销售工作压力大、竞争激烈，需要销售人员拥有足够的工作热情和积极性，才能够克服困难、保持专注。通过系统的培训可以增强销售人员的自信心和信心，激发其工作热情和积极性，使其更加投入工作中，全力以赴地拓展业务，提高销售业绩。

培训激励可以提升销售人员的个人价值和职业素养。随着知识经济的发展，销售人员的个人价值和职业素养越来越受到重视，而通过系统的培训可以提升销售人员的专业能力和职业素养，增强其竞争力和市场价值。销售人员接受过系统培训的经历和经验也成为他们转换职业、寻求新的职业机会时的一项重要资历和优势。培训激励需要建立完善的培训体系和机制。企业可以通过制订培训计划、组织培训课程、开展培训活动等方式，为销售人员提供全面系统的培训，以满足其不同层次和不同需求的培训需求。同时，还可以通过定期评估和反馈，及时调整培训内容和方式，确保培训效果和实效，最大程度地激发销售人员的工作潜力和能力。

（四）工作激励

1. 增强销售团队成员与其从事工作的适应性

当销售团队成员对其工作的性质和特点感兴趣，并且能够充分发挥自己的条件和特长时，他们更容易保持工作热情和积极性，从而提高工作效率和工作满意度。为了实现这一目标，企业可以采取一系列措施，从工作内容、培训发展、团队氛围等方面着手，激励和引导销售团队成员充分适应其工作，并不断提升自身能力和水平。要确保工作内容与销售团队成员的特长和兴趣相符。企业可以根据销售团队成员的个人特点和职业背景，合理分配工作任务，使其能够充分发挥自己的优势和潜力。例如，对于擅长与人沟通、善于销售的团队成员，可以安排其从事客户拓展和销售业务；对于擅长分析数据、具有较强逻辑思维能力的团队成员，可以安排其从事市场分析和竞争情报工作。通过确保工作内容与个人特长和兴趣相符，可以激发销售团队成员的工作热情和积极性，提高其工作满意度和绩效水平。

要提供个性化的培训和发展机会，帮助销售团队成员不断提升自身能力和水平。企业可以根据销售团队成员的职业发展需求和个人兴趣，开展个性化的培训计划，为其提供相关技能和知识的培训，帮助其不断提升专业能力和职业素养。例如，可以开展销售技巧培训、客户沟通技巧培训、产品知识培训等，以满足不同销售团队成员的学习需求和发展方向。通过提供个性化的培训和发展机会，可以激发销售团队成员的学习热情和进取心，增强其适应工作的能力和意愿。要营造良好的团队氛围和工作环境，促进销售团队成员之间的交流和合作。企业可以通过组织团队建设活动、举办团队聚餐、设立团队奖励制度等方式，营造积极向上的团队氛围，增强团队凝聚力和合作意识。同时，要建立开放包容的工作环境，鼓励销售团队成员之间互相学习和分享经验，共同进步。通过营造良好的团队氛围和工作环境，可以增强销售团队成员对工作的认同感和归属感，提高其工作满意度和工作积极性。

2. 增强工作的意义与工作的挑战性

增强工作的意义与工作的挑战性是激励销售团队成员的重要手段，可以帮助他们更好地理解和认同自己的工作，并激发他们持续进取的动力和积极性。通过向销售团队成员说明工作的意义，让他们意识到自己的工作对企业、客户以及社会的重要性；

同时增加工作的挑战性，让他们感受到工作的价值和意义，从而使其更加重视并热爱自己的工作。要向销售团队成员说明工作的意义。销售工作是企业实现利润增长和市场扩张的重要途径，是推动企业发展的动力源泉。通过销售工作，销售团队成员可以为企业创造更多的价值和财富，提高企业的竞争力和市场地位。同时，销售工作也是满足客户需求、解决客户问题的重要渠道，能够为客户提供优质的产品和服务，增强客户满意度和忠诚度。

要增加工作的挑战性。挑战性工作可以激发人的积极性和进取心，使其更加投入和专注于工作中。销售工作本身就具有一定的挑战性，需要销售团队成员具备较强的执行力和应变能力，不断面对和解决各种复杂的销售问题和挑战。通过设定具有挑战性的销售目标和任务，提高销售团队成员的工作要求和标准，激发他们不断挑战自我、超越自我，实现个人和团队的成长和发展。同时，可以通过不断创新和改进销售方式和方法，拓展销售渠道和市场空间，为销售团队成员提供更多的发展机会和挑战性工作。要注重激励和奖励措施，鼓励销售团队成员积极面对工作挑战。企业可以通过建立激励机制和奖励体系，根据销售团队成员的工作表现和业绩贡献，给予相应的奖励和激励。例如，可以设立销售业绩奖金、优秀销售员荣誉称号、晋升机会等激励措施，不断提升自身能力和业绩水平。

3. 保持工作的完整性

每个企业销售团队成员都应该有机会承担一份较为完整的工作，这不仅可以激励他们更好地投入工作，还能够增强团队的凝聚力和协作性，促进团队的整体发展和业绩提升。需要从工作内容、培训发展、团队合作等方面进行全面的激励和支持。要确保每个销售团队成员能够承担一份较为完整的工作内容。销售工作涉及销售目标的制订、客户关系的维护、销售计划的执行等多个环节，每个销售团队成员都应该有机会参与并承担这些工作内容的一部分甚至全部。企业可以根据销售团队成员的个人能力和经验，让他们参与到销售工作的各个环节中去，全面提升工作技能和综合能力。通过让销售团队成员承担较为完整的工作内容，可以激发他们的工作热情和责任感，增强工作的使命感和归属感。

要提供系统全面的培训和发展机会。销售工作需要具备一定的销售技巧、市场分析能力、客户沟通能力等，而这些技能和能力都需要通过系统培训和学习来获得和提升。企业可以开展各类培训活动，如销售技巧培训、客户关系管理培训、市场分析培训等，为销售团队成员提供全面的培训和发展机会，帮助他们不断提升专业能力和职业素养。通过提供系统全面的培训和发展机会，可以增强销售团队成员的综合能力和竞争力，提升其承担完整工作的能力和信心。要注重团队合作和协作。销售工作需要具备团队合作和协作精神，而这一点尤其重要。企业可以通过组织团队建设活动、促进销售团队成员之间的交流和合作，营造积极向上的团队氛围和工作环境。通过团队合作和协作，可以促进销售团队成员之间的相互了解和信任，提高团队整体的工作效率和业绩水平。同时，团队合作还可以让销售团队成员更好地理解和把握整个销售工作的流程和环节，从而更好地承担完整工作内容。

4. 尊重销售团队成员工作的自主性

在销售团队管理中，领导者应该明确制订工作目标与任务，并在这个基础上大胆授权，给予团队成员充分的自主权和决策权。这样做不仅能够激发团队成员的责任感和主动性，还能够提高团队的工作效率和绩效水平。明确制订工作目标与任务。领导者应该明确制订明确的工作目标和任务，让团队成员清楚地知道他们需要完成什么样的工作，以及工作的重要性和紧急性。这样可以为团队成员提供明确的工作方向和目标，为他们的自主性行动提供坚实的基础。大胆授权，给予团队成员自主权和决策权。一旦制订了工作目标和任务，领导者应该放手让团队成员自行决策和执行工作。他们应该被允许根据自己的判断和经验，制订适合自己的工作计划和方法，独立完成任务。领导者可以提供必要的支持和指导，但不应过多地干预团队成员的工作，以保证他们的自主性和主动性。

提供必要的支持和资源。尊重团队成员的自主性并不意味着完全放任不管，领导者仍然需要为团队成员提供必要的支持和资源，帮助他们顺利完成工作。这包括提供必要的培训和指导、提供必要的信息和数据支持、提供必要的人力和物力支持等。通过给予必要的支持和资源，可以增强团队成员的信心和能力，提高工作效率和质量。及时给予反馈和肯定。在团队成员完成工作后，领导者应该及时给予反馈和肯定，鼓励他们继续保持自主性和主动性。不论工作的结果如何，都应该给予团队成员积极的鼓励和肯定，让他们感受到自己的努力和贡献得到了认可和重视。这样可以激发团队成员的工作热情和积极性，增强他们的自信心和归属感，提高团队的凝聚力和向心力。

5. 尽量使工作扩大化

通过克服单调乏味和简单重复，增加工作的丰富性和趣味性，可以吸引企业销售团队成员，提升团队整体绩效。实施分管销售片区轮换。销售团队成员可以通过轮换不同的销售片区，接触不同的客户群体和市场环境，从而丰富自己的工作经验和知识，提升个人的销售能力和专业素养。轮换销售片区不仅可以避免工作的单调性和重复性，还可以拓宽销售团队成员的视野和思路，促进个人和团队的成长和发展。提供多样化的销售任务和项目。销售团队成员可以参与不同类型的销售任务和项目，如新产品推广、大客户拓展、渠道开发等，从而丰富自己的工作内容和体验。通过提供多样化的销售任务和项目，可以激发销售团队成员的创造力和激情，提升其工作效率和绩效水平。

组织多样化的销售活动和赛事。企业可以组织各种形式的销售活动和赛事，如销售竞赛、客户联谊会、产品培训会等，为销售团队成员提供参与和展示自己的机会，增加工作的趣味性和挑战性。通过组织多样化的销售活动和赛事，可以增强销售团队成员之间的团队合作和竞争意识，促进团队整体绩效的提升。注重员工个性化发展和需求。销售团队成员具有不同的个性和兴趣爱好，领导者应该根据员工的个性化发展和需求，为其量身定制工作任务和项目，满足其工作的多样性和扩大化。通过关注员工的个性化发展和需求，可以提升员工的工作满意度和忠诚度，增强其对工作的投入性和积极性。建立开放式沟通和反馈机制。销售团队成员可以随时向领导者提出自己的工作建议和想法，分享自己的工作经验和心得体会，以及对工作环境和氛围的改进建议。通过建立开放式沟通和反馈机制，可以增强销售团队成员的参与感和归属感。

（五）授权激励

通过将一定的权力和责任下放给销售人员，能够提高他们的工作满意度和责任感，促进团队整体的发展和业绩的提升。然而，授权激励并非简单地将权力下放，而是要在授予责任的同时给予相应的权利和奖励，从而实现双赢的局面。明确授权范围和责任边界。在实施授权激励时，销售经理需要明确授权范围和责任边界，确保销售人员清楚地知道自己可以做什么，以及在什么范围内可以行使权力。这样可以避免销售人员超越权力范围，导致责任不清、风险增加等问题的发生。除了授权责任外，销售经理还应该给予销售人员必要的权力和资源支持，包括信息资源、人力资源、财务资源等。这样可以确保销售人员在行使权力时能够得到充分支持和配合。

建立有效的绩效评估和奖励机制。销售经理应该建立有效的绩效评估和奖励机制，对销售人员的工作表现进行及时、公平、客观评价，并给予相应的奖励和激励。这样可以激发销售人员的工作热情和积极性，提高其工作的主动性和创造性。提供必要的培训和指导。销售经理应该提供必要的培训和指导，帮助销售人员提升工作能力和水平，提高工作的质量和效率。这样可以增强销售人员的自信心和信心，提高其承担责任的能力和意愿。建立良好的沟通和反馈机制。销售经理应该与销售人员保持良好的沟通和反馈，及时了解销售人员的工作情况和需求，听取他们的意见和建议，并给予积极回应和支持。这样可以增强销售人员的归属感和凝聚力，提高团队的整体绩效水平。

（六）民主激励

民主激励是一种重要的管理方式，通过充分发挥销售人员的主人翁精神，邀请他们参与企业的管理和重大决策，以及销售计划的制订等工作，从而激发销售人员的积极性和主动性，提升团队的凝聚力和绩效水平。邀请销售人员参与企业管理和重大决策。销售经理可以定期召开团队会议，邀请销售人员就企业的发展战略、市场竞争策略、产品销售策略等重大决策进行讨论和提建议。销售人员可以分享自己的看法和经验，提出自己的想法和建议，与管理层共同商讨和决策，增强归属感和责任感，提高团队的凝聚力和执行力。邀请销售人员参与销售计划的制订。销售经理可以与销售人员一起制订销售计划和目标，根据市场需求和销售预期，制订销售策略和方案，确定销售任务和分工。销售人员可以根据自己的实际情况和能力，提出合理的销售计划和目标，与销售经理共同商讨和制订，增强参与感和主动性，提高工作的执行力和效率。

建立开放式的沟通和反馈机制。销售人员可以随时向销售经理提出自己的想法和建议，与管理层共同交流和探讨，增强归属感和凝聚力，提高工作的积极性和主动性。提供必要的培训和发展机会。销售经理应该为销售人员提供必要的培训和发展机会，帮助他们提升工作能力和水平，拓展职业发展空间和前景。通过提供培训和发展机会，可以激发销售人员的学习热情和进取心，增强其归属感和责任感。建立有效的奖励和激励机制。

（七）环境激励

一个良好的工作环境不仅可以提升销售人员的工作积极性和创造力，还可以增强团队的凝聚力和执行力。营造轻松愉快的工作氛围。销售经理可以通过组织团队活动、举办员工生日会、设置员工休闲区等方式，使销售人员在工作中感到舒适和愉悦。一个轻松愉快的工作氛围可以提升销售人员的工作干劲和情绪状态，促进团队成员之间的良好合作和沟通，增强团队的凝聚力和向心力。提供良好的工作条件和设施支持。销售经理应该为销售人员提供良好的工作条件和设施支持，包括舒适的办公环境、先进的办公设备、便利的交通条件等。良好的工作条件和设施支持可以提升销售人员的工作效率和质量，减少工作中的不必要干扰和困扰，增强工作的愉快感和满意度。

建立公平公正的激励机制。销售经理应该建立公平公正的激励机制，对销售人员的工作表现进行公正客观评价。公平公正的激励机制可以激发销售人员的工作积极性和创造力，增强其工作的主动性和责任感，提高团队整体绩效水平。提供持续的职业发展和学习机会。销售经理应该为销售人员提供持续的职业发展和学习机会，包括培训课程、专业认证、岗位晋升等。持续的职业发展和学习机会可以提升销售人员的专业能力和竞争力，增强其对工作的热情和积极性。建立良好的团队文化和价值观。销售经理应该建立良好的团队文化和价值观，包括团队合作、诚实守信、客户至上等价值观。良好的团队文化和价值观可以激励销售人员团结协作，共同努力实现团队的目标和使命，提升团队整体绩效的水平。

（八）物质激励

物质激励是管理中最基本、最直接的激励方式之一，通常包括工资、奖金和各种福利。在销售团队的管理中，物质激励发挥着重要作用，可以有效地激发销售人员的工作积极性和创造力，提升其工作绩效和团队凝聚力。提供具有竞争力的工资待遇。工资是销售人员最基本的物质激励手段，直接影响着其工作积极性和工作动力。销售经理应该根据销售人员的工作表现和市场情况，合理确定工资水平，并提供具有竞争力的工资待遇，以激励销售人员不断提升业绩水平，实现个人和团队的发展目标。建立科学合理的奖金制度。奖金是对销售人员工作表现的一种特别激励手段，能够直接激发其工作积极性和创造力。销售经理应该根据销售人员的工作绩效和贡献，设立科学合理的奖金制度，明确奖金发放标准和条件，并及时给予奖金激励，以鼓励销售人员持续努力，提升个人和团队的销售业绩。

提供丰富多样的福利待遇。福利是对销售人员的一种额外回报，能够提升其工作满意度和忠诚度。销售经理应该根据销售人员的需求和公司的实际情况，提供住房补贴、交通补贴、餐饮补贴、医疗保险、健康体检、员工培训等，满足销售人员的各种生活和工作需求，提升其工作积极性和生活质量。设立个人和团队目标，实行业绩考核和分配。销售经理应该与销售团队成员共同制订个人和团队的销售目标，并建立科学合理的业绩考核和分配机制。根据销售人员的工作表现和贡献，进行绩效评价和奖惩分配，激励销售人员积极拓展业务、提升销售业绩，实现个人和团队的共同发展目标。建立公平公正的激励机制和管理制度。销售经理应该建立公平公正的激励机制和管理制度，确保激励政策的公平性和透明度，保障销售人员的合法权益，增强其工作满意度和忠诚度。

（九）精神激励

通过表扬、奖励和其他形式的公开承认，可以有效地激发销售人员的积极性、创造力和团队合作精神，提高其工作满意度和忠诚度，促进销售团队的整体绩效和业务成果。及时、公开地表扬和肯定销售人员的优秀表现。销售经理应该及时发现和公开表扬销售人员的出色工作表现和业绩成就，尤其是在团队会议、业绩评审和其他公开场合。通过公开表扬，可以充分展现销售人员的工作成绩和个人价值，提高其工作满意度和自信心，激发其进一步努力和创新的动力。

设立荣誉奖励和奖章制度，表彰销售人员的突出贡献和优秀表现。销售经理可以根据销售人员的工作绩效和贡献，设立最佳销售员、最有潜力销售员、最佳团队合作奖等，通过颁发荣誉奖品和奖章，公开承认销售人员的杰出表现，激励其继续努力和进步。与企业领导合影或举行颁奖仪式，以增强销售人员的归属感和荣誉感。销售经理可以组织销售人员与企业领导合影或举行颁奖仪式，公开表彰销售人员的突出贡献和优秀表现，加强销售人员对企业的归属感和认同感。授予销售人员特殊称号和职务，以鼓励其继续努力和发展。销售经理可以根据销售人员的工作表现和贡献，授予其特殊称号和职务，如销售明星、销售导师、销售顾问等，以表彰其突出贡献和专业能力，激励其继续发展和成长。

（十）竞赛激励

竞赛激励是一种非常有效的激励方式，在销售团队管理中得到了广泛应用。通过开展各类竞赛活动，可以有效地激发销售人员的竞争意识、团队合作精神和工作动力，促进销售业绩的提升和团队凝聚力的增强。开展销售业绩竞赛活动。销售经理可以根据销售团队的实际情况和销售目标，设立销售业绩竞赛活动，例如月度销售冠军、季度销售王、年度销售之星等，鼓励销售人员积极拓展业务、提升销售业绩，通过奖金、奖品、荣誉等方式激励其不断进取和超越自我。开展新客户开发竞赛活动。新客户开发是销售工作的重要环节，销售经理可以组织新客户开发竞赛活动，设立奖励机制，鼓励销售人员积极开拓新市场、发现新客户、扩大客户群体，提升销售业绩和市场份额。开展回款竞赛活动。及时回款是销售工作的关键环节之一，销售经理可以组织回款竞赛活动，设立回款比例、回款金额等指标，鼓励销售人员积极跟进订单、催促客户支付货款，确保回款的及时性和稳定性，提高企业的资金周转效率和经营效益。销售经理还可以根据销售人员的不同业绩状况，采取个性化的激励方式。对于表现优异的销售人员，可以给予更高额的奖金、更丰厚的奖品和更高的荣誉称号，以公开承认其突出贡献和卓越表现；对于一般的销售人员，可以提供稳定的工资待遇、奖金激励和职业晋升机会，以满足其基本生活需求和工作安全感。

第三节 销售人员的培训与发展

一、销售人员的培训

（一）销售人员培训的目的

1. 增强销售技能，提高销售业绩水平

通过培训新进员工和持续提升老员工的销售技能，可以增强他们的专业素养、提高销售效率，从而推动销售业绩的持续增长。系统化的产品知识培训。销售人员需要全面了解所销售的产品或服务，包括特性、功能、优势、竞争优势等方面的知识。因此，销售经理可以组织产品知识培训课程，向销售人员介绍公司的产品线及其特点，以及与竞争产品的比较分析。这样可以帮助销售人员更好地理解产品，提高产品销售的专业水平。

销售技巧和沟通能力培训。销售人员需要具备良好的销售技巧和沟通能力，才能更好地与客户沟通、了解客户需求、促成交易。销售经理可以组织销售技巧和沟通能力培训课程，教授销售技巧、谈判技巧、客户服务技巧等内容，同时通过案例分析和角色扮演等方式进行实践训练，帮助销售人员提高销售技能和沟通能力。市场分析和销售策略培训。销售人员需要了解市场的行情和趋势，以及企业的销售策略和市场定位，才能更好地制订销售计划和开展销售工作。销售经理可以组织市场分析和销售策略培训课程，向销售人员介绍市场分析方法和销售策略的制订原则，以及如何根据市场需求和竞争情况制订销售计划和开展销售工作。持续的销售技能培训和学习机制也非常重要。销售经理可以建立销售技能培训和学习机制，定期组织销售技能培训课程、研讨会和培训活动，向销售人员传授最新的销售技能和行业知识，不断提升销售团队的专业水平和竞争力。

2. 强化职业素养，提升企业形象

销售人员作为企业的代表，他们的言行举止直接影响着客户对企业的印象和信任度。因此，通过培训和教育，提升销售人员的职业素养，是非常重要的。加强公民道德和职业道德教育。销售人员在销售过程中应该秉持诚信、正直、公平的原则，不做虚假宣传、不欺骗顾客、不违法违规行为。销售经理可以组织道德和职业道德教育培训，向销售人员灌输正确的职业道德观念，引导他们树立正确的价值观念和行为准则。

提升专业知识和技能水平。销售人员需要具备丰富的产品知识、销售技巧和客户服务技能，才能更好地满足客户需求，提升销售业绩。销售经理可以组织产品知识培训、销售技巧培训、客户服务技能培训等，帮助销售人员不断提升专业水平，提高服务意识和服务质量。强调形象管理和着装规范。销售人员的仪容仪表、言谈举止、着装打扮等都应该符合企业形象和品牌形象的要求，给客户留下良好的第一印象。销售经理可以向销售人员宣传公司形象和品牌形象，要求他们在工作中注重形象管理，规范着装，保持良好的仪态和礼仪，树立良好的企业形象。强调团队合作和沟通协作。销售人员应该积极参与团队合作，与同事之间建立良好的合作关系，共同为客户提供优质的服务和解决方案。销售经理可以组织团队建设活动、团队拓展训练，提升销售团队的凝聚力和执行力，共同努力实现企业的销售目标。

3. 培养坚强的意志和非凡的耐心

销售工作的本质决定了销售人员需要具备坚定的意志和足够的耐心，才能应对种种挑战和困难，取得良好的业绩。心理素质培训。销售工作的不确定性和压力较大，因此需要销售人员具备良好的心理素质，包括自信心、抗压能力、积极心态等。销售经理可以组织心理素质培训课程，向销售人员传授应对压力的方法和技巧，引导他们建立健康的心态，增强自信心，提升心理韧性。

销售技巧培训。销售人员需要具备良好的销售技巧，才能更好地开展销售工作，应对各种复杂的销售场景。销售经理可以组织销售技巧培训课程，教授销售技巧和销售策略，通过案例分析和角色扮演等方式进行实践训练，帮助销售人员提升销售技能，增强应对各种情况的能力。耐心与毅力的培养。销售工作往往需要长期坚持和不懈努力，因此需要销售人员具备良好的耐心和毅力。销售经理可以通过培训课程和实践训练，向销售人员传授耐心和毅力的重要性，引导他们树立正确的工作态度，鼓励他们在面对挑战和困难时坚持不懈，不断努力。销售团队的建设和互助合作也是培养销售人员坚强意志和非凡耐心的重要途径。销售经理可以组织团队建设活动，增强销售团队的凝聚力和团队合作意识，促进销售人员之间的互相支持和帮助，共同面对挑战，共同取得成功。

4. 培养创造力，改善顾客关系

创造力不仅仅指在销售过程中提出新颖的销售策略和解决方案，还包括在维护客户关系方面寻找创意和创新。培养销售人员的沟通技巧。良好的沟通是建立和维护客户关系的基础。销售经理可以组织沟通技巧培训，教授销售人员有效沟通技巧，包括倾听技巧、表达技巧、谈判技巧等，帮助他们更好地与客户沟通，理解客户需求，建立良好的信任关系。鼓励销售人员创新思维。销售人员在销售过程中需要不断地寻找新的销售机会和解决方案，因此需要具备创新思维能力。销售经理可以鼓励销售人员提出新颖的销售策略和创意，给予他们展示创造力的机会，激发他们的创新潜力。提升销售人员的产品知识和行业知识。销售人员需要深入了解企业的产品和服务，以及行业的发展趋势和竞争情况，才能更好地为客户提供个性化的解决方案。销售经理可以组织产品知识和行业知识培训，向销售人员传授相关知识，提升他们的专业水平和行业洞察力。销售团队的分享和协作也是培养销售人员创造力的重要途径。销售经理可以组织团队分享会议，让销售人员分享成功经验和创新思维，相互学习借鉴，共同探讨解决方案，激发团队的创造力和团队凝聚力。

5. 使区域销售管理科学化

通过培训销售人员，使其能够科学合理地安排工作时间和确定访问客户的方法，可以有效提高销售工作的效率。以培训时间管理技能。销售人员通常需要同时处理多个客户和项目，因此良好的时间管理技能至关重要。销售经理可以组织时间管理培训，教授销售人员如何合理安排工作时间，设定优先级，有效利用时间资源。培训客户拜访技巧。销售人员拜访客户是销售工作的重要环节，如何有效地与客户沟通、洞察客户需求、提供个性化的解决方案，对销售业绩至关重要。销售经理可以组织客户拜访技巧培训，教授销售人员如何制订拜访计划、进行客户调研、提出有效建议，提高客户满意度和销售成功率。培训数据分析能力。区域销售管理需要对销售数据和市场情况进行分析，以便制订科学的销售策略和计划。销售经理可以组织数据分析培训，教授销售人员如何收集、整理和分析销售数据，发现销售机会和问题，提高销售效率和业绩。销售人员的沟通和协作能力也是实现区域销售管理科学化的重要因素。销售经理可以组织团队建设培训，促进销售团队之间的沟通和协作，共同解决问题，共享经验，提升整个团队的销售能力和绩效。

（二）销售人员培训的步骤

1. 确定培训需求

销售主管可以设计针对销售人员的调查问卷，了解他们对现有培训内容的满意度、需求和建议，以及对未来培训方向的期望。了解顾客对销售人员服务质量的评价和反馈，从顾客的角度了解销售人员的培训需求，以提高客户满意度和忠诚度。销售主管可以定期与销售人员进行面对面的交流和沟通，了解他们在销售过程中遇到的问题和挑战，从而确定培训的重点和方向。在销售会议期间可以组织各类测试，包括知识测试、技能测试等，评估销售人员的水平和能力，发现培训的不足之处。销售主管可以定期对销售现场进行观察和考察，了解销售人员的工作状态、销售技巧和表现，发现问题并及时采取措施进行培训和改进。销售主管可以通过分析销售额、利润和销售活动的报告，了解销售团队的整体表现和业绩状况，发现业绩提升的关键因素和培训需求。对于离职销售人员，销售主管可以进行面谈，了解他们离职的原因和不满意之处，从中发现销售团队的问题和改进空间。

2. 制订培训计划

（1）培训目的

自信是销售成功的重要因素之一，自信的销售人员更能够自如地与客户沟通、展示产品或服务的优势，从而增加销售机会，提高客户拜访效率。销售人员需要在有限的时间内与客户建立信任、了解需求、提供解决方案，因此培训可以帮助他们学习如何高效地进行客户拜访，提高拜访效果和成交率，提高时间利用效率。销售人员通常面临时间压力，需要在有限的时间内完成多项任务。培训可以帮助他们学习时间管理技巧，合理安排工作时间，提高工作效率和生产力，提高市场推广能力。市场推广是销售的重要环节之一，销售人员需要具备良好的市场洞察力和推广策略，培训可以帮助他们了解市场趋势、竞争对手和目标客户，提高市场推广的能力和商务谈判能力。商务谈判是销售人员日常工作中必不可少的技能，培训可以帮助他们掌握有效的谈判技巧，提高与客户谈判的成功率和达成交易的能力。

培训计划的执行期或有效期。这取决于公司制订的培训计划和目标，以及销售人员的实际情况和需求。通常培训计划会有一个明确的执行期限，需要在规定的时间内完成培训任务。每一个培训项目的实施时间。不同的培训项目可能需要不同的时间来完成，需要根据培训内容的复杂程度和学员的接受能力来确定实施时间。每一个培训项目的培训周期或课时。培训周期的长短和课时的安排都会影响培训的效果和成本，需要根据培训内容的需要和学员的实际情况来确定。

（2）培训地点

在进行销售人员培训时，培训地点的选择是一个关键因素，它将直接影响培训效果和成本效益。依据培训地点的不同，可以分为集中培训和分散培训两种模式。集中培训是指公司统一组织并集中所有销售人员进行培训的模式。这种模式的优点在于能够统一培训内容和标准，确保所有销售人员接受相同水平的培训，提高了培训的效率和一致性。此外，集中培训还可以促进销售团队之间的交流和学习，增强团队凝聚力。通常，集中培训可以选择在公司总部、培训中心或者其他适合的场所进行，这取决于公司的规模和资源情况。另一种是分散培训，即由各分公司或地区自行组织并分别进行销售人员的培训。这种模式适用于公司规模较大或者销售团队分布在不同地区的情况下。分散培训的优点在于能够更加贴近销售人员的实际工作环境和需求，针对性更强。同时，分散培训还可以根据不同地区的特点和市场需求，制订专门的培训内容和计划，提高培训的针对性和实用性。培训地点可以选择在分公司、办事处、销售团队所在地或者其他方便的场所进行。无论是集中培训还是分散培训，都需要充分考虑培训的成本和效益。在选择培训地点时，应该根据公司的实际情况和培训目标，综合考虑各种因素，确保培训能够达到预期的效果和目标。同时，还需要注重培训内容和方法的创新，不断提升培训质量和水平，以适应市场的变化和发展，提高销售团队的竞争力和执行力。

（3）培训师资

一般来说，培训师资主要有三种来源：公司的专职培训人员、正规的销售机构人员和外部培训专家。公司的专职培训人员是一种重要的培训师资来源。这些培训人员通常由公司内部招聘或者培训部门负责，他们熟悉公司的产品、市场和销售政策，能够针对公司的实际情况和需求进行定制化的培训。此外，公司的专职培训人员通常有较强的专业知识和培训技能，能够有效地组织和实施培训，提高销售人员的专业素养和综合能力。正规的销售机构人员也是一种重要的培训师资来源。这些人员通常来自专业的销售培训机构或者行业协会，他们具有丰富的销售经验和专业知识，能够为销售人员提供实战性的培训和指导。正规的销售机构人员通常拥有较高的教学水平和培训技能，能够通过案例分析、角色扮演等方式，帮助销售人员提升销售技巧和应对能力。外部培训专家也是一种重要的培训师资来源。这些专家通常是行业内的权威人士或者专业领域的专家，他们拥有丰富的理论知识和实践经验，能够为销售人员提供专业化的培训服务。[①] 外部培训专家通常具有较高的学术水平和专业能力，能够为销售人员提供前沿的销售理论和实践经验，帮助他们提升销售技能和竞争力。

（4）培训内容

销售人员的培训内容是多方面的，涵盖了销售技能、产品知识、客户管理、竞争与行业知识以及企业发展愿景等方面。这些内容是为了提升销售人员的综合素质和专业水平，使其能够更好地完成销售任务并实现个人和企业的发展目标。销售技能的培训是销售人员培训中的重点之一。销售技能包括沟通技巧、谈判技巧、提问技巧、倾听技巧、销售技巧等。销售人员需要具备良好的沟通能力和谈判技巧，能够与客户建

---

① 戈军珍. 如何破局销售团队建设难题 [J]. 北方牧业，2022（05）：30.

立良好的关系，并有效地推销产品或服务。产品知识的培训也是销售人员培训的重要内容之一。销售人员需要了解所销售的产品或服务的特点、优势、功能、用途等相关信息，以便能够向客户做出详细介绍和解答客户提出的问题，增强客户对产品或服务的信任和认可。客户管理的培训是销售人员培训中不可或缺的内容。客户管理包括客户开发、客户维护、客户关系管理等方面，销售人员需要学习如何有效地管理客户资源，建立长期稳定的客户关系。竞争与行业知识的培训也是销售人员培训的重要组成部分。销售人员需要了解市场竞争对手的情况、行业发展趋势、市场需求变化等相关信息，以便能够及时调整销售策略和应对市场变化，保持竞争优势。企业成长史和发展愿景的培训是为了帮助销售人员更好地了解企业的发展历程和未来发展方向，增强他们的归属感和责任感，激发他们的工作热情和积极性，为企业的长远发展提供有力支持。

（三）销售人员培训原则

1. 系统性原则

销售人员培训应该是一个系统性的过程，贯穿于销售人员整个职业生涯的各个阶段。培训内容和形式应该与销售人员的工作职责和发展需求相匹配，涵盖销售技能、产品知识、客户管理、市场分析等多个方面。培训计划应该定期进行评估和调整，以适应市场的变化和销售人员的成长需求。

2. 主动性原则

销售人员培训要求销售人员积极参与和互动，发挥其自身的主动性和学习动力。培训内容应该具有吸引力和实用性，能够激发销售人员的学习兴趣和热情。培训形式可以包括课堂培训、案例分析、角色扮演、实地考察等多种形式，以增加培训效果和参与度。

3. 多样性原则

销售人员培训需要考虑销售人员的不同层次和类型，以及培训内容和形式的多样性。针对不同层次和类型的销售人员，可以设计针对性培训计划和课程，满足其不同的学习需求和发展目标。培训内容和形式可以灵活多样，根据销售人员的实际情况和学习偏好进行调整和组合，以提高培训的针对性和有效性。

二、销售人员的发展

有效的沟通技巧是销售人员必备的能力之一。良好的沟通能力不仅仅是简单地表达自己，更是能够倾听客户需求、理解客户痛点，并通过有效沟通传达解决方案。销售人员需要学会倾听，并能够根据客户的反馈调整自己的销售策略，从而更好地满足客户需求。推销产品和客户关系管理是销售人员的核心任务之一。销售人员需要深入了解企业的产品特点和优势，能够准确地向客户推销产品，并通过良好的客户关系管理确保客户的满意度和忠诚度。通过建立长期稳定的客户关系，销售人员可以为企业赢得更多的业务机会，提升销售额和市场份额。销售人员的培训和发展不仅仅是一次性的活动，而是一个持续的过程。无论是新人还是有经验的销售人员，都需要不断地学习和提升自己的销售技能。企业可以通过定期的培训课程、工作坊和培训材料来帮助销售人员不断提升自己的销售技巧和专业知识，从而保持竞争优势。

在销售人员的发展过程中，时间是一个重要的因素。即使是经验丰富的销售人员，在进入一个新的行业或公司之后，也需要一定的时间来了解行业情况、产品特点和市场需求。企业需要给予销售人员足够的时间和资源，帮助他们适应新的环境，并发挥出他们的潜力。除了时间之外，销售人员的质量也是至关重要的。企业需要确保招聘到的销售人员具备良好的销售技巧、专业知识和团队合作精神。在不同的行业和企业中，销售人员可能需要具备不同的技能和素质，因此企业需要根据自身的需求和特点来确定招聘标准，并通过严格的招聘流程筛选出最优秀的销售人员。销售人员的文化匹配度也是影响其发展的重要因素之一。销售人员的期望、发展意愿和企业的文化是否相符，直接影响着销售人员在企业中的表现和发展前景。企业需要建立合理的晋升渠道和激励机制，为销售人员提供良好的发展平台和发展空间，从而激发其工作积极性和创造力。

（一）销售人员发展与企业战略的关系

销售人员的发展与企业战略密不可分。他们是企业在市场上的先锋，承担着直接推动业务增长和实现战略目标的重要责任。因此，销售人员的培训和发展必须与企业战略密切结合，以确保销售团队具备应对市场挑战、实现企业目标所需的技能和素质。销售人员的培训需要与企业的年度发展计划保持一致。企业在制订年度计划时，会考虑市场趋势、竞争态势、产品创新等因素，销售团队必须具备应对这些挑战和机遇的能力。因此，销售人员的培训内容和方向应当与企业战略目标相契合，以确保销售团队能够有效地执行企业战略。销售人员培训需要针对市场竞争环境进行定制。在市场竞争激烈的情况下，销售人员需要具备应对竞争对手的能力，包括竞争意识、市场敏感度和应变能力。培训计划应该重点关注这些方面，帮助销售人员更好地理解竞争对手的策略和行为，并能够采取有效的措施应对竞争压力。销售人员的培训也需要注重产品知识和差异化竞争策略。在产品同质化严重的市场环境中，销售人员需要深入了解企业产品的特性和优势，以便与竞品进行差异化对比，向客户凸显产品的价值和优势。因此，销售人员的培训应该包括对产品知识的系统培训和销售技巧的提升，帮助他们更好地向客户传递产品价值，并赢得客户信任和支持。销售人员的发展需要与企业的长期发展目标相一致。企业的发展是一个持续变化的过程，销售团队必须能够适应市场变化和企业战略调整，不断提升自身的能力和竞争力。因此，企业需要为销售人员提供持续的培训和发展机会，帮助他们不断学习和成长，以适应市场的变化和企业的发展需要。

（二）培训销售人员的原因、作用和方法

销售人员的行为和技巧直接影响客户体验和企业形象。对于消费者来说，被过于侵扰的销售人员会引起反感，甚至导致其产生对企业的负面印象，这可能会造成潜在客户的流失。通过足够的销售培训，销售人员可以学习到更有效的销售技巧，理解客户真实需求，并能够更加专业地介绍产品的卖点，从而提升客户体验，增加客户满意度，促进销售业绩的提升。销售培训有助于提高单客成交率、降低员工离职率，并建立更好的客户关系。销售人员的发展和提升本质上是为了帮助企业发展。通过培训，销售人员可以提升自身销售技能和专业素养，增强客户沟通能力，更好地理解客户需求，并能够针对客户需求提供个性化的解决方案，从而提高客户满意度和忠诚度，增加客户复购率，进而提高企业的销售额和市场份额。此外，销售培训还可以拓展销售人员的职业发展空间，增强他们的归属感和忠诚度，降低员工离职率，减少企业因员工流失而带来的成本和不稳定因素（图3-1）。

回顾与总结

图 3-1　培训人员漏斗

1. 提高成交率

提高成交率是企业销售活动的核心目标之一，因为只有实现更多的销售交易，企业才能实现利润最大化。销售人员的培训在提高成交率方面起着至关重要的作用。通过培训，销售人员可以掌握各种销售技巧，加深对产品的了解，并有效地向客户推荐产品。然而，要实现这一目标，除了提供足够的培训外，还需要深入了解目标客户群体，了解其需求和偏好，以便提供个性化的销售服务。

销售人员的培训应该注重销售技巧的提升。销售技巧包括沟通技巧、谈判技巧、客户关系管理等方面。通过培训，销售人员可以学习如何与客户建立良好的沟通，如何有效地进行产品介绍和推销，并在谈判中达成双方满意的交易。这些技能的掌握可以帮助销售人员更加自信地与客户交流，提高销售效率和成交率。销售人员需要深入了解产品的特点和优势。只有了解产品的特点和优势，销售人员才能更好地向客户推荐产品，并回答客户可能提出的各种问题。通过培训，销售人员可以了解产品的设计、功能、优点和应用场景，从而在与客户沟通时能够更加专业和有信服力。除了销售人员的培训外，提高成交率还需要深入了解目标客户群体的需求和偏好。不同的客户群体可能有不同的需求和偏好，因此销售人员需要根据客户的特点和需求，提供个性化的销售服务。通过市场调研和客户分析，企业可以更好地了解目标客户群体的特点，从而有针对性地制订销售策略和服务方案。

2. 建立良好客户关系

销售人员在客户关系管理方面的作用至关重要，他们需要了解客户的需求和偏好，并能够提供个性化的销售服务，以满足客户的需求，从而增强客户满意度和忠诚度，促进销售额的增长。销售人员需要快速定位客户的需求。许多客户希望在与销售人员的沟通中尽快了解到自身所需的产品，因此销售人员需要具备快速定位客户需求的能力。通过深入了解客户的行业、背景和需求，以及产品的特点和优势，销售人员可以更好地理解客户的需求，并能够提供个性化的解决方案，从而赢得客户信任和支持。销售团队需要制订不同的销售计划，以满足不同客户的需求。不同客户可能有不同的需求和偏好，因此销售团队需要根据客户的特点和需求，制订相应的销售策略和计划。通过分析客户的需求和市场趋势，销售团队可以有针对性地开展销售活动。销售人员需要具备足够的市场和产品知识，才能够向客户提供更好的服务。了解市场现状、产品特点和客户需求是销售人员成功的关键。

第四节　销售绩效评估与管理

一、销售绩效评估

（一）销售绩效评估的定义与目的

销售绩效评估是指企业对销售人员在一定时期内销售工作状况进行评定与估价的过程。随着知识经济的发展和市场竞争的日益激烈，销售绩效评估变得愈发重要，因为只有通过有效评估，企业才能了解销售团队的表现，从而及时调整策略、优化销售流程，提高整体销售绩效和市场竞争力。销售绩效评估的主要目的是对销售人员的推销工作及业务完成效果进行分析。通过对销售人员的销售业绩、客户满意度、销售技能等方面进行综合评估，企业可以了解销售团队的整体表现情况，发现问题和不足之处，并及时采取措施加以改进，从而提高整体销售绩效和业务成果。销售绩效评估结果有利于制订推销计划和决策。通过对销售人员绩效的评估分析，企业可以了解到哪些推销计划和策略取得了成功，哪些方面需要改进和调整。这样可以帮助企业更加精准地制订下一阶段的推销计划，提高销售效率和业务成果。销售绩效评估结果也是销售人员薪酬调整和奖金发放的重要依据。通过评估销售人员的销售业绩和表现，企业可以根据实际情况调整销售人员的薪酬和奖金水平，激励他们更加努力地工作，提高业绩。销售绩效评估也有助于发现和培养优秀的销售人员。通过评估销售人员的表现和技能，企业可以发现哪些销售人员具有出色的销售能力和潜力，从而有针对性地进行培训和提升，帮助他们更好地发挥作用，推动销售业绩的提升。

（二）销售绩效评估的内容和方法

1. 绩效考核评价的参与者

销售人员绩效评估是一个多方参与的过程，不仅需要管理者的直接管理和监督，还需要被考评者本人、同事以及企业外部人员的参与和评价。每个参与者都有其独特的角色和优势，综合起来可以更全面地评估销售人员的工作表现和业绩。管理者对销售人员的直接管理和领导起着关键作用。管理者通常对销售团队有着全面了解，可以从整体的角度评估销售人员的工作表现和业绩。他们具有客观性和权威性，能够基于客观的数据和观察，对销售人员进行全面的考评，并根据评估结果制订相应的管理和培训计划。被考评者本人进行自我考评可以有效地调动其积极性和责任心。自我考评让销售人员有机会审视自己的工作表现，发现自身的优势和不足，为个人发展制订更合理的目标和计划。然而，自我考评受到个人主观因素的影响，可能存在一定的局限性，需要与其他评价方式相互印证。

被考评者的同事作为工作环境中的观察者，对其工作表现和能力也有着独特的认知。同事通常与被考评者共事密切，对其工作态度、能力和潜质有着更为直观了解。然而，同事间的人际关系可能会影响评价的客观性，因此需要在评价过程中注意避免主观偏见和利益冲突。企业外部人员，尤其是客户，作为业务往来的重要参与者，能够以客观的视角评价销售人员的工作表现和服务质量。客户对销售人员的满意度和专业水平有着直接的体验和感受，因此他们的评价具有较高的参考价值。企业可以通过收集客户反馈和评价，了解销售人员在客户眼中的形象和表现，为进一步提升销售服务质量提供有益参考。

2. 绩效考评的主要方法

绩效考评是管理者对员工工作表现进行评价和反馈的重要方式，它有助于促进员工的个人成长和组织绩效的提升。在销售领域，绩效考评尤为重要，因为销售人员的工作成果直接影响企业的业绩。360度综合考核是一种多角度、全面评估员工绩效的方法。通过让员工的上级、下属、同事以及客户共同参与评价，可以收集到来自不同角度的反馈和意见，帮助员工全面了解自己的表现，并发现改进的空间。在销售人员的绩效考评中，除了直接上级的评价外，客户的评价也尤为重要。客户的满意度和反馈可以直接反映销售人员的服务质量和业绩水平，有助于销售人员不断改进自己的工作方法，提升客户体验。基于BSC的绩效考核是一种基于平衡计分卡的绩效评价方法。平衡计分卡将企业的绩效分为四个维度：内部运营、客户、学习和成长以及财务。可以根据这四个维度来评估销售人员的工作表现。例如，可以通过客户维度评估销售人员的客户满意度和客户忠诚度，通过财务维度评估销售人员的销售额和利润贡献等。

KPI（关键绩效指标）绩效考核是一种基于关键指标对员工绩效进行评价的方法。KPI是指对企业业绩产生关键影响的指标，可以根据公司的战略目标进行确定。可以根据销售额、客户增长率、市场份额等指标来评估销售人员的业绩表现。同时，也可以根据其他关键指标，如客户满意度、回款率等来评估销售人员的服务质量和客户关系管理能力。基于目标的绩效考核是一种通过设定绩效目标来评价员工工作表现的方法。这种方法适用于那些工作成果难以量化的部分。可以通过设定销售目标、客户拓展目标等来评价销售人员的工作表现。通过分析实际绩效和目标绩效之间的差距，可以帮助销售人员发现自身的不足之处，并制订改进计划。

（三）销售绩效评估存在的问题及解决建议

不准确的绩效考评不仅会导致决策的失误，还可能影响员工的积极性，甚至引起员工流失，对企业的正常运营造成严重影响。选择合理的绩效考评方法。不同的绩效考评方法都有其各自的特点和适用场景。因此，企业应根据实际情况和考评目的选择最合适的考评方法。比如，可以结合使用360度综合考核、基于BSC的绩效考核、KPI绩效考核等方法，以多维度、全面地评价销售人员的工作表现。培训专业的考评人员。考评人员的专业程度和经验直接影响到绩效考评的准确性。企业应确保考评人员具备必要的专业知识和技能，能够客观、公正地评价销售人员的工作表现。此外，还可以通过定期的培训和交流会议等方式提升考评人员的考评水平和能力。建立健全的考评体系和流程。企业应建立科学、严密的考评体系和流程，明确各项指标和评价标准，并确保考评过程的公开、透明。同时，还应设立专门的考评小组或委员会，负责统一管理和监督绩效考评工作，确保考评结果的准确性和公正性。加强沟通和反馈机制。及时与销售人员沟通和交流，了解他们的工作情况和需求，收集他们的意见和建议，可以帮助企业更准确地评估销售人员的工作表现，并及时调整和改进考评方法和标准。同时，及时向销售人员反馈考评结果，指出其优点和不足，提出改进意见和建议，有助于激励销售人员持续改进和提升工作表现。重视考评的公正公平性。在进行绩效考评时，应确保评价标准公正客观，避免个人偏见和主观臆断，确保考评过程的公平性和透明度。对于可能存在的偏见和误差，应采取相应的措施加以纠正和改进，确保绩效考评的准确性和公正性。

1. 保证考核评定的公平公正性

公平公正的绩效考核体系可以激发销售人员的积极性和工作动力，促进他们更好地发挥个人潜力，从而提升整体销售团队的绩效和业绩。英明领导与奖惩分明。组织的领导者应该具备高度的责任感和公正性，能够客观公正地评价销售人员的工作表现，并根据实际情况对其进行奖励或惩罚。领导者的公正和公平性可以为整个绩效考核体系树立良好的榜样，让销售人员感受到公平的工作环境和待遇。清晰的市场战略与政策。组织应该制订清晰明确的市场战略和政策，明确销售人员的工作目标和职责，为其提供明确的工作方向和指导。同时，组织的政策应该公平合理，对所有销售人员都适用，避免出现偏袒或歧视的现象。销售人员明确的职能定位。组织应该明确销售人员的职能定位和工作职责，让他们清楚地知道自己的工作范围和责任，避免出现工作任务不明确或重叠的情况。明确的职能定位有助于销售人员更好地发挥自己的专业能力，提升工作效率和绩效水平。合理的业绩指标与标准化的考核标准。组织应该根据销售人员的工作特点和业务需求，制订合理的业绩指标和考核标准，确保其具有可衡量性和可操作性。同时，考核标准应该标准化和公开透明化，让销售人员清楚地知道自己的工作表现如何被评价，避免主观性评价和随意性评价。接受销售人员的绩效申述。组织应该建立完善的绩效申述机制，为销售人员提供一个公正公开的申述渠道，让他们有机会就自己的绩效评定提出异议或解释。企业可以在人力资源部设立申诉处理机构或劳动调节组，专门负责处理销售人员的绩效申述，确保其得到公正公平对待。

2. 健全评估依据，完善销售人员绩效评估系统

销售人员的工作是多方面的，因此评估他们的绩效需要综合考虑不同的方面。一

种有效的绩效评估系统应该包括基于行为和基于产出两种依据。基于行为的评估依据关注的是销售人员的行为和职业发展。这种评估侧重于建立和维护良好的顾客关系，从而促进专业的、以顾客为导向的销售部门的发展。为此，可以使用一系列具体的指标来评估销售人员的行为，包括但不限于销售额、销售增长率、销售效率和市场份额等。与之相对，基于产出的评估依据关注的是销售人员所产生的实际结果和获利能力。这种评估依据主要是根据销售人员在实现其职务标准时的量化表现来评估其绩效。可以使用的主要指标包括毛利、净利润和推销费用等预算的执行情况。绩效评估系统应该综合考虑这两种评估依据，以全面、公正地评价销售人员的绩效。通过对销售人员的行为和产出进行综合评估，企业可以更好地了解他们的业绩表现，并采取相应的措施来提高销售团队的整体绩效水平。

3. 对于不可量化的指标避免考核失真

在实际的绩效考核中，不可量化的指标可能导致评分失真，影响评价结果的准确性和有效性。需要对组织成员进行绩效考核观念的培训，让他们理解绩效评价的重要性和意义。同时，建立明确的绩效考核制度，确保每个人都了解评价标准和流程。在设计考评指标时，应考虑到考评人的行为对评价结果的影响。可以增加对考评人行为的评价指标，以确保评价过程的公正性和客观性。针对可能出现的评分偏差，需要建立纠偏机制。可以采取前馈控制和过程控制措施，及时发现和纠正评分偏差。如果评分偏差已经出现，需要采取反馈控制措施，对评分数据进行纠正。

4. 有效利用销售人员绩效评估信息

销售人员绩效评估信息不仅涉及评估结果的收集和分析，还需要将这些信息转化为实际行动，以促进销售人员绩效水平的提高。每个销售人员的绝对绩效和相对绩效都应成为他们获得奖酬的依据。管理人员需要将销售人员的绩效评估结果进行比较和分析，以确定任何存在的问题。这可能涉及对销售额、销售目标完成情况、客户满意度等指标的分析。比较不同销售人员之间的表现，以及他们与设定目标之间的差距，能够帮助管理层识别出绩效问题的根源。

一旦问题被确定，管理人员就需要深入了解绩效问题的原因。这可能涉及销售人员的技能、知识、动机或者工作环境等方面的因素。通过调查和沟通，管理层可以更好地了解到底是什么导致了绩效不佳的现象。管理人员需要确定适当的销售管理方法来解决这些问题。这可能包括提供培训和发展机会，重新分配销售任务，改善激励制度，或者改善工作环境等。选择合适的解决方案需要考虑到问题的性质、销售人员的需求和组织的资源等因素。在评估结束后，管理人员应当通过面谈的方式与销售人员分享评估结果。管理人员应当帮助销售人员制订改进计划，并与他们共同商讨改进绩效的具体方法。这种面对面的反馈和沟通可以增强销售人员的参与感和责任感，同时也能够帮助他们更好地理解自己的优势和改进空间。由于销售人员在企业经营中扮演着至关重要的角色，建立合理的绩效评估管理体系对于激励或约束销售人员的行为至关重要。一个良好的绩效评估体系能够提高销售人员的工作主动性和积极性，从而更好地促进企业经营目标的实现。

二、销售绩效管理

（一）销售人员绩效管理体系中存在的问题

1. 销售绩效管理机构不完善

在现代企业管理中，销售绩效管理机构的完善与否直接关系到销售团队的整体绩效和企业的可持续发展。然而，目前许多企业在销售绩效管理机构的设置和运行上存在明显不足，专职人员配置薄弱，导致管理机构职责不够明确，定位不够清晰。管理人员对绩效管理的理解和实施仅限于简单的统计和归纳，缺乏系统性和全面性。销售绩效管理机构难以独立、客观地履行其职责，影响销售人员的绩效提升和企业的长远发展。企业在销售绩效管理机构的专职人员配置上普遍不足。销售绩效管理是一项专业性很强的工作，需要有专门的人员来负责和执行。然而，很多企业并没有专门的销售绩效管理人员，相关职责往往由销售部门或人力资源部门的人员兼任。这种安排导致销售绩效管理的专业性和系统性不足，无法形成有效的管理机制，难以全面、客观地评价销售人员的工作表现。

销售绩效管理机构的职责和定位不够明确。一个明确职责和清晰定位的管理机构是高效运行的基础。当前很多企业在设置销售绩效管理机构时，没有明确其具体职责和工作范围，导致管理工作缺乏方向和重点。例如，销售绩效管理不仅包括销售业绩的考核，还应包括销售策略的制订、销售流程的优化、销售培训的组织等多方面内容。

如果职责不明确，这些工作往往难以得到有效落实，影响销售团队的整体绩效。管理人员对绩效管理的理解和实施不够深入全面，也是目前销售绩效管理机构存在的问题之一。许多管理人员仅将绩效管理视为一种简单的统计和归纳工作，缺乏对绩效管理体系的全面认识和理解。绩效管理不仅是对过去业绩的总结，更是对未来工作的指导和改进。只有通过全面系统的绩效管理，才能真正发挥其激励、改进和发展作用，推动销售人员不断提升工作能力和业绩水平。在实际操作中，销售绩效管理往往缺乏独立性和客观性。这主要体现在绩效评估过程中，管理人员容易受到主观因素的影响，如个人偏好、部门利益等，导致绩效评估结果不够公正。这种情况不仅损害了销售人员的积极性，也削弱了绩效管理的权威性和有效性。为了确保绩效管理的独立性和客观性，企业应建立独立的销售绩效管理机构，并明确其独立性和权威性，避免管理人员在绩效评估过程中受到外界干扰。

2. 销售绩效管理制度不完善

当前许多企业在销售绩效管理中过于依赖于把销售量和销售收入作为主要考核指标，忽视了销售结构、销售利润和销售费用等多方面的综合考核。这种单一的考核方式虽然能直接反映销售业绩，但不能全面反映销售人员的工作绩效。例如，销售量高但销售费用也高，利润率低的情况时有发生，而这种情况下仅以销售量来考核显然是不合理的。因此，企业在制订绩效考核指标时，应结合销售结构、销售利润和销售费用等多方面指标，进行综合考量，以全面、准确地评估销售人员的绩效。当前的绩效管理中缺乏一些关键性的销售管理及考核指标，如销售效率和款项回笼率等。

销售效率是衡量销售人员在一定时间内完成销售任务的能力，是反映销售人员工作效能的重要指标。而款项回笼率则直接关系到企业的现金流管理和财务健康状况，是企业能否实现可持续发展的关键。因此，企业在进行销售绩效考核时，应将销售效率和款项回笼率等关键指标纳入考核范围，以更全面地反映销售人员的工作表现和对企业发展的贡献。企业在销售绩效管理中往往忽视一些软性指标和量化指标，如市场反馈的信息报告质量和客户满意度等。市场反馈的信息报告质量直接影响企业的市场策略和产品改进，而客户满意度则关系到企业的品牌形象和客户忠诚度。通过将这些软性指标和量化指标纳入考核体系，企业可以更全面地评估销售人员的工作表现，促进销售人员在提高客户满意度和市场信息反馈方面的努力，从而提升企业的市场竞争力。企业在销售奖励的级别跨度上也缺乏合理性，缺少科学的绩效管理方法。销售奖励是激励销售人员的重要手段，但如果奖励级别跨度过大或过小，都可能导致销售人员的积极性受挫或内部竞争不平衡。因此，企业应根据销售人员的实际工作表现和贡献，制订科学合理的奖励制度，确保奖励级别的合理性和公平性，以激励销售人员的工作积极性和创造性。

3. 销售绩效管理制度缺乏针对性、导向性

企业的绩效管理制度普遍偏向于追求公平性，而忽视了针对性和导向性。许多企业过分注重绩效管理的公平性，希望通过一揽子的奖惩政策来平衡销售团队内部的差异，却忽略了销售人员个体之间的差异性和工作特点。这种统一对待的做法，导致了销售人员的个性化需求得不到满足，无法真正激发其工作的热情和潜能。因此，企业在制订绩效管理制度时，应更加注重个体差异，建立针对不同销售人员的激励机制，使其更具针对性和导向性。

现有的绩效管理制度存在激励因素不足的问题。许多企业在绩效管理中，更倾向于采用惩罚性的措施，如降低工资、扣减奖金等，而忽略了激励性的因素。这种单一的奖惩机制容易使销售人员产生负面情绪，降低工作积极性和创造性，不利于团队的凝聚力和业绩的提升。因此，企业应在绩效管理制度中增加更多激励性的元素，如提供晋升机会、赋予更多权利和自主权、提供专业培训等，激发销售人员的工作热情和主动性，推动业绩的持续增长。企业的绩效管理制度缺乏对销售人员的个性化关怀和支持。销售人员作为企业的重要一环，其个性化需求和工作特点应得到充分重视和理解。然而，目前许多企业在绩效管理中，往往采取"一刀切"的管理方式，忽视了销售人员的个体差异和工作需求，导致了销售人员的不满和流失。因此，企业应建立更加灵活多样的绩效管理机制，充分考虑销售人员的个性化需求，为其提供更加个性化的激励和支持，激发其工作的潜能和创造力。企业的绩效管理制度与当前发展策略不协调，也是导致绩效管理缺乏针对性和导向性的原因之一。企业的发展战略和目标是绩效管理的重要依据，如果绩效管理制度与企业的发展策略不相匹配，就会导致绩效管理失去了导向性和针对性。因此，应充分考虑企业的战略定位和目标要求，确保绩效管理制度能够与企业的发展策略相一致，促进销售团队的整体绩效提升和企业的长远发展。

4. 销售绩效管理分析不够

在企业管理中，销售绩效管理的分析是提高销售团队绩效、优化决策执行的重要

环节。然而，一些企业往往缺乏对销售绩效管理的深入分析，绩效管理机构只关注表面信息，而忽略了销售工作背后的深层次信息。这种现象导致了在销售奖金分配、决策制订和执行方面的不足和不科学，影响了企业的整体运营效率和业绩提升。许多企业在销售绩效管理中只注重表面信息，而缺乏对销售数据的深入分析。销售数据是企业管理中的重要资源，它能够反映销售团队的工作表现、市场趋势以及客户需求等重要信息。然而，很多企业在处理销售数据时，往往只停留在数据的收集和整理阶段，而缺乏对数据的深入分析和挖掘。这种表面化的处理方式，导致了大量有关销售工作的深层次信息被忽略，无法为企业的决策制订和执行提供有效的支持和指导。企业在销售绩效管理中缺乏对销售过程和结果的系统性分析。销售过程中涉及诸多环节，如客户开发、销售跟进、订单成交等，而这些环节之间存在着复杂的关联和影响。然而，许多企业在销售绩效管理中往往只关注销售结果，而忽略了销售过程中的各个环节和关键因素。这种片面的管理方式，使得企业无法全面了解销售工作的运行情况和问题所在，也无法及时发现和解决销售过程中存在的瓶颈和障碍，从而影响了销售团队的整体绩效和业绩提升。企业在销售绩效管理中缺乏对销售人员的个体差异性分析。销售人员作为企业的重要资产，其个体差异性和工作特点对于销售绩效的形成和提升具有重要影响。然而，很多企业在销售绩效管理中往往采取"一刀切"的管理方式，忽视了销售人员之间的差异性和工作需求。

为了解决上述问题，企业应从以下几个方面入手，加强对销售绩效管理的分析。企业应建立健全的销售数据分析体系，充分利用现代信息技术手段，对销售数据进行深入挖掘和分析。通过对销售数据的分析，企业可以全面了解销售团队的工作表现、市场趋势和客户需求，为决策制订和执行提供有力支持和指导。企业应加强对销售过程和结果的系统性分析。通过对销售过程中的各个环节和关键因素进行系统分析，企业可以发现销售工作中存在的问题和瓶颈，为优化销售流程和提升销售效率提供参考依据。企业应重视对销售人员的个体差异性进行分析，针对不同销售人员的工作特点和需求，制订个性化的激励政策和培训计划，激发其工作潜能，提高整体绩效水平。企业应建立健全的绩效管理评估机制，定期对销售绩效管理工作进行评估和总结，及时发现问题并加以解决，不断优化绩效管理制度，提高管理水平和效能。

（二）销售人员绩效管理体系的建构及完善措施

1. 完善销售管理机构，明确其职责

一个具有专业性和独立性的销售绩效管理机构能够有效地促进销售团队的绩效提升，并在一定程度上加强绩效管理工作的科学性和公平性。为此，企业应建立起与销售公司、市场调研机构、客户服务机构等相关部门进行协作的销售绩效管理机构，并明确其职责，以期更好地推动销售绩效管理工作的开展。销售绩效管理机构应该具备专业性。这意味着机构内部的人员需要具备销售管理、数据分析、市场调研等方面的专业知识和技能，能够对销售数据进行深入分析，制订科学合理的绩效管理策略和措施。只有专业的人员才能够有效地指导销售团队，提升其工作效率和业绩水平。销售绩效管理机构需要具备独立性。独立的销售绩效管理机构能够客观公正地评估销售人员的工作表现，避免受到其他部门的干扰和影响。这种独立性不仅体现在机构内部的组织结构和运作机制上，还需要得到企业高层管理人员的支持和保障。只有保持独立性，才能够确保绩效管理工作的公平性和有效性。销售绩效管理机构需要与其他相关部门进行协作。销售团队的绩效受到多方面因素的影响，包括市场环境、客户需求、产品特点等。因此，销售绩效管理机构需要与市场调研机构、客户服务机构等相关部门进行密切合作，共同分析市场动态和客户反馈，及时调整销售策略和绩效管理体系。销售绩效管理机构应明确其职责。这包括制订销售绩效管理的具体方案和指标体系、收集和分析销售数据、评估销售人员的工作表现、制订激励和奖惩措施等。只有明确了职责，销售绩效管理机构才能够有效地开展工作，推动销售团队的绩效提升，实现企业的销售目标。

在完善销售管理机构和明确其职责的过程中，企业需要注重以下几个方面：要根据企业的发展战略和销售目标来确定销售绩效管理机构的组织结构和职责分工。不同的企业发展阶段和销售特点需要采取不同的管理方式和措施，因此，销售绩效管理机构的设置和职责应该与企业的发展战略和销售目标相匹配。要注重销售绩效管理机构与其他相关部门的协作和配合。销售团队需要与市场调研、客户服务等相关部门密切合作，共同制订销售策略和绩效管理方案，以确保销售工作的顺利开展和绩效目标的实现。要建立健全的销售绩效管理体系，包括完善的绩效考核指标体系、科学合理的激励和奖惩机制、有效的数据分析和监测机制等。只有建立了健全的绩效管理体系，

销售绩效管理机构才能够有序、有效地开展工作，为销售团队的绩效提升提供有力支持。

2. 建立完善的销售绩效管理制度

在建立销售绩效管理制度时，应以市场为导向，确保制度具有一体化、系统化和公平化的特点，充分体现"按劳分配，多劳多得"的原则，以实现公平与效率的有机结合。销售绩效管理制度应以市场为导向。市场是销售活动的核心，是销售绩效管理的主要依据和指导。因此，在制订绩效管理制度时，应充分考虑市场的需求和变化，将市场导向性纳入制度设计的重要考量因素之一。通过对市场的深入分析和调研，制订针对性强、具有前瞻性的绩效管理指标和政策，以确保销售团队的工作与市场需求保持紧密契合，推动销售业绩稳步增长。销售绩效管理制度应具有一体化和系统化特点。销售工作涉及诸多环节和流程，包括客户开发、销售跟进、订单管理等，而这些环节之间存在着紧密的关联和互动。因此，销售绩效管理制度应该是一个统一的、系统化的体系，涵盖销售工作的各个方面，确保销售活动的有序开展和整体绩效的提升。这需要建立完善的绩效考核指标体系，包括销售业绩、客户满意度、销售费用控制等多方面指标，以全面、科学地评价销售人员的工作表现。销售绩效管理制度应具有公平性。公平是绩效管理的核心原则之一，是激励销售人员积极性和提高工作效率的重要保障。因此，在制订销售绩效管理制度时，确保绩效考核的公平性和公正性。这包括公平地设置绩效考核标准和指标，公平地评价销售人员的工作表现，公平地分配奖励和激励，从而激发销售团队的工作热情和积极性，提高整体销售绩效水平。

3. 建立完善的绩效管理指标

在绩效管理中，应避免单一化的指标，而是应用综合性的指标对销售绩效进行考核，从而更好地调动销售员工的积极性，激发他们的工作潜能。销售人员的绩效管理指标包括销售量、销售收入、销售效率、销售回款率、客户数量、访客数量、客户满意度、市场开发率、市场占有率等。其中，销售回款率、市场的开发率、客户满意度等指标是核心指标，具有引导员工行为、提高工作效率的作用，是销售人员业绩、企业部门业绩、企业目标战略三方面的重要连接桥梁。完善的绩效管理指标对销售人员的业绩、部门业绩、企业目标战略的实现都有着重要的促进作用。销售量和销售收入是最直接的业绩指标，反映了销售团队的销售能力和销售成果。通过设定合理的销售目标，并对销售人员的销售量和销售收入进行定期跟踪和评估，可以激励销售人员不断努力。销售效率是衡量销售人员工作效率的重要指标。销售效率可以通过分析销售人员的销售速度、销售周期、客户拜访频率等指标来衡量。提高销售效率可以有效地提升销售人员的工作效率和业绩水平。

销售回款率是评估销售人员回款能力的重要指标。及时回款可以提高企业的现金流。因此，设定合理的回款目标，并对销售人员的回款率进行监控和评估，可以促使销售人员加强对客户的跟踪和管理，提高回款效率。客户数量和访客数量是评估销售人员客户开发能力的重要指标。通过开发新客户和维护老客户，可以扩大客户基础，提升销售机会和业绩水平。因此，设定合理的客户开发目标，并对销售人员的客户数量和访客数量进行监控和评估，可以激励销售人员积极开展客户拓展工作。客户满意度是衡量销售人员服务质量的重要指标。客户满意度可以通过客户调查、投诉率、客户反馈等方式进行评估。提高客户满意度可以增强客户忠诚度，促进长期合作关系的建立，对于企业的可持续发展具有重要意义。市场开发率和市场占有率是评估销售人员市场开拓能力和市场竞争力的重要指标。通过开拓新市场、提升市场占有率，可以扩大企业的市场份额，提升企业的竞争力。因此，设定合理的市场开发目标，并对销售人员的市场开发率和市场占有率进行监控和评估，可以促使销售人员积极开拓市场，提升企业的市场地位。

4. 加强销售绩效管理的信息分析

销售绩效管理机构在开展绩效管理工作时，应该注重对销售数据和市场信息的深入分析，以更好地服务于企业的发展战略，从而实现销售部门与企业整体发展之间的协调与配合。销售绩效管理机构应对销售数据进行深入分析。销售数据是反映销售活动状况和市场趋势的重要依据，可以及时了解销售团队的工作表现和销售情况，发现销售工作中存在的问题和机遇。销售绩效管理机构可以通过对销售数据的趋势分析、客户分析、产品分析等，发现销售团队的优势和劣势，为制订销售策略和改进销售工作提供参考依据。

销售绩效管理机构应对市场信息进行全面整理和汇总。市场信息是企业制订销售策略和决策的重要依据，通过对市场信息的深入分析，可以及时了解市场动态和竞争对手的情况，把握市场趋势和客户需求，为企业的市场开拓和产品推广提供支持。销售绩效管理机构可以通过对市场竞争情况、客户反馈信息、行业趋势等方面的分析，为企业的战略决策和销售计划提供数据支持和建议。销售绩效管理机构还应对销售团队的管理情况进行分析。销售团队的管理情况直接影响到销售工作的效率和质量，通过对销售团队的绩效表现、工作流程、人员结构等方面进行分析，可以发现管理上的问题和改进的空间，为销售团队的管理和培训提供指导和支持。销售绩效管理机构应对销售工作的状况进行综合分析。综合分析销售数据、市场信息和销售团队管理情况，可以全面了解销售工作的整体状况和发展趋势，为企业制订长期发展战略和销售策略提供参考依据。通过对销售工作的综合分析，可以及时发现问题和机遇，为企业的持续发展提供支持和保障。

第四章 销售渠道与网络建设

第一节 销售渠道的选择与管理

一、销售渠道的选择

（一）产品特性

不同类型的产品有不同的特性和消费群体，因此需要针对产品特性来选择合适的销售渠道，以实现最佳销售效果和市场覆盖。对于高端奢侈品而言，其特性通常包括高品质、高价值、独特设计等。这类产品通常具有较高的品牌认知度和忠诚度，因此适合通过专卖店或精品店等高端零售渠道销售。通过专卖店或精品店销售不仅可以提供高品质的购物环境和个性化的服务体验，还能够保持产品的高端形象和独特性，吸引目标消费群体的关注并提升产品的溢价能力。

对于日常消费品而言，其特性通常包括普遍需求、价格适中、易于购买等。这类产品适合通过超市、便利店或线上平台等大规模销售渠道进行销售。超市和便利店等实体零售渠道具有便捷性和高流量的优势，能够快速覆盖大量消费者，提高产品的曝光度和销售量。同时，线上平台如电商平台和社交媒体平台也成为日常消费品销售的重要渠道，消费者可以通过线上渠道方便地选购产品，享受到快捷、便利的购物体验。还有一些产品具有特定的销售特性，需要选择适合的专业销售渠道。例如，医疗器械和健康保健产品通常需要通过医药代理商或专业药店销售，以确保产品的专业性和安全性。汽车和家居家具等大件产品通常需要通过专业的展厅或实体店进行销售，以提供消费者更直观、更全面的购物体验。食品和饮料等易腐品则需要选择具备冷链物流和质量保障的销售渠道，以保证产品的新鲜度和安全性。

（二）成本和利润

不同销售渠道涉及的成本结构和利润潜力各不相同，因此企业需要在选择销售渠道时进行综合考量，以实现成本和利润的最优平衡。开设实体店可能会涉及较高的固定成本。实体店需要支付租金、装修费用、人员工资等固定费用，这些成本对于企业来说是持续性的支出，不受销售业绩的波动影响。然而，实体店的优势在于能够提供面对面的购物体验和服务，吸引消费者的注意并增强品牌形象。因此，虽然实体店的固定成本较高，但通过提供优质的购物体验和服务，企业可以吸引更多的消费者，实现利润最大化。

电子商务平台通常会涉及较低的固定成本，但也会有相对较高的变动成本。电子商务平台需要支付的主要费用包括平台费用、广告费用和物流费用等，这些费用通常是按照销售额或订单数量进行计费的，因此随销售业绩的增长而变化。虽然电子商务平台的固定成本较低，但由于市场竞争激烈，企业需要投入更多的资源和资金用于广告宣传和促销活动，以吸引消费者并提高销售额。此外，物流成本也是影响电子商务平台利润的重要因素之一，企业需要确保及时、准确地配送产品，同时控制物流成本，以保持竞争优势。在选择销售渠道时，企业需要综合考虑成本和利润之间的平衡。对于一些高毛利的产品，可以选择开设实体店或高端专卖店等销售渠道，以提高产品的溢价能力和品牌形象；对于一些低毛利的产品，可以选择电子商务平台或大型超市等销售渠道，以降低固定成本并提高销售量。同时，企业还可以通过多渠道销售的方式，充分利用各种销售渠道的优势，实现销售成本和利润的最优平衡。

（三）市场趋势

随着时代的发展和科技的进步，市场的变化也日新月异，企业需要密切关注市场趋势的变化，及时调整销售策略和选择最适合的销售渠道，以应对不断变化的市场环境，实现销售的最大化和市场份额的增长。近年来，电子商务和社交电商的迅猛发展成为市场的明显趋势。随着互联网的普及和消费者购物习惯的改变，越来越多的消费者选择在电子商务平台上购物，以便捷、快速的购物体验吸引了大量消费者的青睐。同时，随着社交媒体的兴起和智能手机的普及，社交电商成为新的销售渠道，通过社交媒体平台上的社交化购物体验，消费者可以与朋友分享购物心得、参与团购活动等，从而增加了购物的乐趣和参与感。针对电子商务和社交电商的发展趋势，企业可以选择在这些渠道上开展销售活动，以扩大市场覆盖和提升销售业绩。电子商务平台提供了一个全天候、全球化的销售平台，消费者可以随时随地通过互联网购买产品，为企业提供了更广阔的销售渠道和更多的销售机会。而社交电商则借助社交媒体平台上的人际关系和社交网络，通过社交化的购物体验吸引消费者的注意，提高购买转化率和销售额。除了电子商务和社交电商之外，实体店和线下零售渠道依然具有一定的市场优势。实体店提供了面对面的购物体验和个性化的服务，消费者可以通过实地考察和试用产品来进行购买决策，尤其对于一些需要亲身体验的产品来说，实体店具有独特的优势。同时，实体店还可以借助门店陈列和店内活动等方式吸引消费者，提升产品的曝光度和销售量。

（四）技术和物流支持

在选择适合的销售渠道时，企业需要充分评估自身的技术和物流能力，以确保销售活动的顺利进行和顾客满意度的提升。不同的销售渠道对技术和物流支持的要求各不相同，因此企业需要根据自身情况和市场需求进行全面考量，以选择最合适的销售渠道。对于进入电子商务市场而言，强大的技术支持是至关重要的。电子商务平台需要具备稳定、安全、用户友好的网站和移动应用，以提供良好的购物体验和便捷的交易流程。因此，企业需要投入大量的人力和财力，建设和维护自身的电子商务平台，包括网站开发、移动应用开发、数据安全和支付系统等方面的技术支持。同时，企业还需要拥有强大的信息技术团队，能够及时处理网站故障和技术升级，确保电子商务平台的正常运行和用户体验。

高效的物流系统是电子商务销售渠道的关键。电子商务平台的核心竞争力之一在于快速、准确的配送服务，因此企业需要建立完善的物流系统，包括仓储管理、订单处理、配送服务等环节。[1] 同时，企业还需要与物流公司合作，确保订单能够及时、安全地送达消费者手中。此外，对于跨境电商而言，还需要考虑跨境物流和关税问题，因此企业需要与海关和物流公司密切合作，确保跨境销售的顺利进行。进入国际市场

---

[1] 王文通，田丽，王杏坛. 销售团队激励的原则与手段探析 [J]. 作家天地，2019 (11): 44+49.

需要企业具备一定的国际贸易和物流能力。国际市场的销售渠道更加复杂，需要处理不同国家的法律、税收和文化差异等问题，因此企业需要具备一定的国际贸易知识和经验。同时，企业还需要建立全球化的供应链和物流网络，以确保产品能够顺利地从生产地运送到销售地，实现全球范围内的销售和配送。

二、销售渠道的管理

（一）销售渠道管理的含义

1. 销售渠道管理的目的是为客户创造价值，实现企业的分销目标

销售渠道管理的根本目的是为客户创造价值，同时实现企业的分销目标。从经济学的角度来看，企业的一切经营活动都是以利润最大化为目标，而在竞争激烈的市场环境中，满足客户需求和为客户创造价值成为实现企业利润目标的关键前提。因此，在销售渠道的管理中，必须注重渠道成员的功能分工与合作，及时、高效地响应消费者的市场需求及其变化，以有效地为客户创造价值。销售渠道管理需要确保渠道成员的功能分工和合作。不同的销售渠道可能涉及多个渠道成员，如制造商、批发商、零售商、物流公司等。这些渠道成员在销售过程中担负着不同的角色和责任，彼此之间需要密切合作，形成良好的合作关系和有效的协作机制。例如，制造商负责生产产品，批发商负责大宗商品的分销，零售商负责产品的销售和售后服务，物流公司负责产品的运输和配送等。只有通过渠道成员的功能分工和合作，才能实现销售渠道的畅通运作和最终客户的满意度。

销售渠道管理需要及时、高效地响应消费者的市场需求及其变化。随着市场竞争的日益加剧和消费者需求的不断变化，企业必须能够灵活调整销售策略和渠道布局，以适应市场的变化和客户的需求。例如，当消费者对某种产品的需求量增加时，企业可以通过增加零售点或扩大在线销售渠道来满足客户的需求；当市场竞争加剧时，企业可以通过提供更高质量的产品或提供更优惠的价格来吸引消费者。只有通过及时、高效地响应消费者的市场需求及其变化，企业才能保持竞争优势和客户忠诚度。销售渠道管理需要有效地为客户创造价值。客户价值是指客户从产品或服务中所获得的利益和满足感，是客户对企业的认可和信任的体现。为客户创造价值是销售渠道管理的

核心任务之一，只有通过为客户提供高品质的产品和优质的服务，满足客户的需求和期望，才能赢得客户的信任和支持，从而实现销售渠道的持续发展和企业利润的增长。例如，通过提供定制化的产品或个性化的服务来满足客户的个性化需求，通过建立健全的售后服务体系来提供全方位的客户服务，通过不断改进产品质量和技术水平来提高客户满意度等方式，为客户创造价值。

2. 销售渠道管理的对象是销售渠道成员，包括所有渠道参与者

销售渠道管理的对象是销售渠道的所有成员，包括渠道组织者、分销商、代理商等中间商，以及最终客户和各类辅助经销商。为了提高渠道的运营效率，必须协调控制渠道成员的目标和运营行为，共同努力实现渠道的整体目标。销售渠道管理的主要措施包括实施各种管理职能，如渠道结构和成员的规划、组织、协调、激励和控制等。销售渠道管理需要对渠道结构和成员进行规划。渠道结构的规划涉及确定销售渠道的类型、数量和布局，以及确定各个渠道成员的角色和职责。例如，企业可以选择直销模式、间接销售模式或混合销售模式，根据产品特性、市场需求和竞争环境等因素来确定最适合的销售渠道结构。同时，还需要确定各个渠道成员的加盟条件、责任分配和利益分配，以确保各个渠道成员能够共同为渠道的整体目标而努力。销售渠道管理需要对渠道成员进行组织和协调。渠道成员的组织涉及建立和完善渠道成员之间的合作关系和协作机制，以确保销售活动的顺利开展和执行。例如，企业可以通过建立渠道合作协议、培训渠道成员和共享销售资源等方式来促进渠道成员之间的合作和协作。同时，还需要加强与渠道成员之间的沟通和协调，及时解决可能出现的问题和纠纷，确保渠道成员的共同利益和渠道的整体利益。

销售渠道管理需要对渠道成员进行激励和控制。渠道成员的激励涉及建立有效的激励机制和奖惩制度，以激发渠道成员的积极性和工作动力。例如，企业可以通过提供销售提成、奖励优秀表现和提供培训机会等方式来激励渠道成员的销售业绩和工作表现。同时，还需要对渠道成员进行有效控制和监督，确保他们按照企业的销售策略和标准执行销售活动，防止可能出现的违规行为和不良影响。销售渠道管理需要不断优化和调整管理措施。随着市场需求和竞争环境的变化，销售渠道管理也需要随之调整和优化。例如，当竞争压力增大时，企业可以通过优化渠道管理措施，提高渠道成员的竞争力和市场份额，从而保持企业的竞争优势和市场地位。

（二）销售渠道管理的内容

1. 销售渠道规划

销售渠道规划是企业在考虑生存与发展的内外部环境、结合公司战略目标和渠道结构、布局以及成员分工等因素进行的设计和规划过程。这一过程涉及渠道结构的确定、渠道布局的规划以及渠道成员分工的安排，旨在优化销售渠道，实现企业销售目标。销售渠道规划需要考虑渠道结构的设计。渠道结构是指企业产品从生产到最终用户之间所经过的一系列渠道和中间商。企业需要确定产品销售的渠道层次和每个层次中的中间商数量，并决定与中间商和渠道成员的合作方式。销售渠道规划需要考虑渠道布局的规划。渠道布局是指确定企业产品销售的空间范围和区域范围，以及在每个区域设置终端分销网络的密度和覆盖范围。企业需要根据产品销售的地域特点和市场需求，合理规划销售渠道的布局，确保销售渠道的覆盖面广、覆盖范围广，以满足不同地区客户的需求。销售渠道规划需要考虑渠道成员分工的安排。渠道成员分工是指在销售渠道中各个渠道参与者之间功能的分配或安排。企业需要确定每个渠道成员的角色和责任，明确他们在销售过程中的任务和职责。销售渠道规划需要具备动态适应性。随着外部环境和内部条件的变化，销售渠道规划也需要不断调整和优化。企业需要密切关注市场变化和竞争动态，及时调整渠道结构、布局和成员分工。只有具备动态适应性的销售渠道规划，企业才能在激烈的市场竞争中保持竞争优势。

2. 销售渠道实施

销售渠道管理的实施是指在销售渠道规划的基础上，将各项策略和计划付诸实施，确保销售渠道的顺利运作和有效达成销售目标。这一过程涉及销售任务和功能的配置与操作、渠道成员间的冲突与协调以及物流管理和信息管理等方面。销售渠道实施需要对销售任务进行具体规划和分配。销售任务是指企业为了实现销售目标而分配给各个销售渠道成员的具体销售任务和指标。企业需要根据市场需求和销售目标，确定每个销售渠道成员的销售任务和指标，并进行合理分配和调整。例如，制订每个渠道成员的销售额目标、销售量目标和市场份额目标，以确保销售任务的有效执行和达成销售目标。

销售渠道实施需要配置和操作各项销售功能。销售功能是指销售渠道成员在销售过程中所需要执行的各种功能和操作。企业需要确保各个销售渠道成员具备必要的销售功能和操作能力，以便顺利开展销售活动和实现销售目标。例如，为销售人员提供培训和技能提升，确保他们具备良好的销售技巧和客户服务意识；为销售团队提供销售工具和资源支持，以便他们更好地开展销售活动和实现销售目标。销售渠道实施需要处理渠道成员间的冲突与协调。销售渠道中常常会出现各种各样的冲突和矛盾，如价格冲突、渠道权益冲突和渠道利益分配冲突等。企业需要及时处理这些冲突，通过合理协调和沟通，达成共识和解决问题，以确保销售渠道的稳定运行和顺利实施。例如，制订明确的价格政策和渠道合作协议，规范渠道成员之间的价格行为和销售行为，防止出现价格战和渠道分崩离析的情况。销售渠道实施需要进行物流管理和信息管理。物流管理是指销售渠道成员为了完成销售任务和满足客户需求而进行的物流活动和运作。企业需要建立完善的物流体系和配送网络，确保产品能够及时送达客户手中，提高客户满意度和销售效率。信息管理是指销售渠道成员在销售过程中所产生的各种信息和数据的收集、整理和分析。企业需要建立健全的信息管理系统，及时掌握市场动态和客户需求，为销售决策提供科学依据和支持。

3. 销售渠道控制

销售渠道管理的控制是确保销售渠道顺利运作、渠道成员有效履行责任并实现销售目标的关键环节。这一过程涉及对渠道成员的评估、激励和控制活动，以及建立和维护渠道成员之间的关系、形成和应用渠道动力、管理渠道冲突以及对渠道成员的绩效评估、激励机制和控制等方面。销售渠道控制需要建立和维护良好的渠道成员关系。良好的渠道成员关系是销售渠道管理的基础，可以促进渠道成员之间的合作和协作。企业需要与渠道成员建立长期稳定的合作关系，加强沟通和信任，共同制订销售目标和计划，并及时解决可能出现的问题和矛盾。

销售渠道控制涉及形成和应用渠道动力。渠道动力是指激励渠道成员积极参与销售活动和实现销售目标的动力机制和手段。企业可以通过建立激励机制和奖惩制度，激发渠道成员的工作积极性和动力。例如，为销售团队设立销售提成制度、奖励表现优秀的渠道成员和团队，提供培训和晋升机会等方式来激励渠道成员的积极性和工作动力。销售渠道控制涉及管理渠道冲突。销售渠道控制涉及对渠道成员的绩效评估、激励机制和控制。企业需要建立科学的绩效评估体系，对渠道成员的销售业绩和工作表现进行定期评估和监测，及时发现问题和差距，并采取相应措施加以改进。同时，还需要建立有效的激励机制和控制措施，对表现优秀的渠道成员给予适当的奖励和认可，对表现不佳的渠道成员进行必要的纠正和调整，以保持销售渠道的高效运作和稳定发展。

（三）促销管理

1. 直接促销策略

直接促销策略是一种直接利用个人销售手段将产品推向销售渠道的营销策略。相较于其他形式的营销手段，如广告、宣传等，直接促销更加个性化和直接，能够更快速地传递产品信息，激发消费者的购买欲望，并加速产品在市场上的销售。该策略的功能过程通常是，企业的销售人员直接与批发商、零售商或最终消费者进行沟通和推销，将产品或服务推介给他们，从而促使销售渠道的形成和产品的销售。直接促销策略需要企业的销售人员与潜在客户进行直接的沟通和互动。销售人员通过电话、面对面会议、电子邮件等方式与潜在客户联系，介绍和推销公司的产品或服务，并尽可能解决客户的疑问和顾虑。销售人员需要具备良好的沟通技巧和销售技能，能够有效地与客户建立信任关系，并推动销售过程向前发展。

直接促销策略需要建立稳定的销售渠道。销售人员与批发商、零售商或最终消费者之间的合作关系至关重要，需要建立长期稳定的合作伙伴关系，以确保销售渠道的畅通和产品的销售。企业需要选择合适的渠道合作伙伴，与其建立互利共赢的合作关系，并提供必要的支持和服务，以激励他们推广和销售公司的产品或服务。直接促销策略需要针对不同的客户群体制订个性化的销售方案。销售人员需要根据客户的需求和偏好，量身定制适合他们的产品推广和销售方案，以增强销售的针对性和有效性。例如，针对不同行业、不同规模的客户，销售人员可以提供不同的产品定制方案和服务支持，以满足他们的特定需求和要求。直接促销策略需要持续跟踪和评估销售业绩，并及时调整和优化销售策略。

2. 间接促销策略

间接促销策略是一种通过广告宣传等方式，间接地唤醒消费者的购买需求，从而达到促销产品或服务的目的的营销策略。与直接促销策略不同，间接促销并不直接涉及个人销售活动，而是通过广告、宣传等手段，引导消费者到零售商购买产品，进而通过零售商和批发商将产品引导给最终消费者。间接促销策略的核心是广告宣传。企业通过各种形式的广告和宣传活动，向潜在消费者传递产品或服务的信息，引起他们的兴趣和购买欲望。广告可以通过电视、广播、报纸、杂志、互联网等媒体进行传播，覆盖面广，传播效果好。通过精心设计的广告宣传，企业可以有效地吸引消费者的注意力，唤起他们的购买兴趣，从而促进产品的销售。

间接促销策略需要建立良好的零售渠道。零售商是消费者与产品之间的重要连接环节，企业需要选择合适的零售商合作，确保产品能够顺利进入市场并被消费者购买。通过与零售商建立良好的合作关系，企业可以将产品展示在零售店铺中，提供便利的购买渠道，满足消费者的购买需求。间接促销策略需要加强与批发商的合作。批发商是连接生产企业和零售商之间的桥梁，对于产品的分销和销售起着至关重要的作用。企业需要与批发商建立稳定的合作关系，确保产品能够及时地供应给零售商，并在市场上得到充分推广和销售。通过与批发商的合作，企业可以拓展销售渠道，增加产品的销售范围和销售量。间接促销策略需要不断优化广告宣传和销售渠道。企业需要不断调整和优化广告宣传和销售渠道，以适应市场的变化和满足消费者的需求。通过精准的市场定位、差异化的广告策略和多样化的销售渠道，企业可以提高产品的知名度和竞争力。

第二节 销售网络的建设与拓展

一、销售网络的建设

（一）制订销售网络策略

1. 市场细分

市场细分是指将整个市场按照不同的特征和需求因素划分成若干个具有相似特征和需求的细小市场群体的过程。通过市场细分，企业可以更精准地了解目标客户群体的需求和特征，从而制订更有针对性的营销策略和销售计划，实现销售网络的建设。根据地理位置进行市场细分。地理位置是影响消费者行为和购买决策的重要因素之一，不同地区的消费者可能具有不同的文化背景、生活习惯和消费偏好。因此，企业可以根据不同地区的地理特征和消费者特点，将市场进行地理位置细分，制订针对性的营销策略和销售计划。例如，在城市和农村地区之间设立不同的销售点，推出符合当地特色的产品和服务，满足消费者的不同需求。

根据客户类型进行市场细分。不同类型的客户可能具有不同的购买行为和偏好，因此可以根据客户的特征和需求将市场进行客户类型细分，例如，按照客户的年龄、性别、职业、收入水平、家庭结构等因素进行分类。企业可以针对不同类型的客户群体，设计个性化的产品和服务，开展有针对性的宣传推广和营销活动，提高产品的市场占有率和客户满意度。根据市场需求进行市场细分。市场需求是决定产品销售的重要因素之一，不同的市场需求可能导致不同的消费行为和购买决策。因此，企业可以根据市场的需求特点和消费者的需求偏好，将市场需求进行细分，开发符合市场需求的产品和服务，满足消费者的多样化需求。例如，根据消费者对产品功能、质量、价格、品牌等方面的需求进行细分，推出不同档次和定位的产品，以满足不同层次消费者的需求。在进行市场细分的同时，企业还需要建立和完善销售网络，以支持产品的销售和市场拓展。销售网络是指企业在不同地区和市场建立的销售渠道和销售网络体系，包括直销、代理商、经销商、零售商等销售渠道。企业可以根据市场细分的结果和产品销售的特点，选择适合的销售网络模式和销售渠道，建立和拓展销售网络，提高产品的市场覆盖率和销售渠道的有效性。

2. 选择销售模式

在确定销售模式时，企业需要综合考虑自身的资源、产品特性、市场需求以及竞争对手的情况等因素，以达到最佳的销售网络建设效果。直接销售模式是指企业通过自己的销售团队直接向客户销售产品或服务，不借助第三方中间商。这种销售模式可以使企业对销售过程和客户关系有更大的控制权，能够更好地了解客户需求。直接销售模式适用于产品技术含量高、客户需求复杂、售后服务要求高的情况，如高端工业设备、定制产品等。企业可以建立自己的销售团队，通过电话营销、网络营销、展会推广等方式直接接触客户，开展销售活动。

经销商模式是指企业将产品批量销售给经销商，由经销商负责将产品分销给最终客户。经销商模式可以帮助企业快速扩大销售范围，提高产品的市场覆盖率，降低销售成本和风险。企业可以通过招募、培训和管理经销商网络，建立起广泛的销售渠道，实现销售网络的快速拓展。经销商模式适用于产品规模较大、市场需求广泛、分销渠道较为复杂的情况，如消费品、建材产品等。代理商模式是指企业委托代理商代表自己销售产品或服务，代理商通过与客户签订代理协议，代表企业进行销售活动。代理商模式可以帮助企业利用代理商的资源和经验，快速进入新市场，开拓新客户，降低市场风险。代理商模式适用于企业在新兴市场或外国市场进行拓展时，可以通过委托代理商代表自己进行销售活动，提高产品的市场竞争力和销售效率。混合模式是指企业同时采用多种销售模式，根据不同产品、不同市场和不同客户群体的特点，灵活选择合适的销售方式。混合模式可以充分发挥各种销售模式的优势，弥补各种销售方式的不足，提高整体销售效率和市场覆盖范围。企业可以根据产品的特性和市场需求，灵活调整销售模式，最大限度地满足客户需求，提高销售网络的建设效果。

（二）选择合适的渠道伙伴（经销商/代理商筛选）

在选择有实力、信誉良好并符合企业价值观的经销商或代理商时，建立一个强大的销售网络这个过程需要细致筛选和认真考量，以确保合作伙伴能够有效地推动产品或服务的销售，并与企业的愿景和价值观保持一致。确定筛选标准是关键的。这些标准应该包括经销商或代理商的市场覆盖能力，销售业绩，与客户的关系，财务稳定性，以及与企业的价值观和品牌形象是否相符。市场覆盖能力意味着经销商或代理商是否能够有效地触及目标市场，并具备相应的销售渠道和分销网络。销售业绩是评估潜在合作伙伴在过去业绩表现的关键指标，这可以通过查看其销售数据和客户反馈来了解。与客户的关系也是至关重要的，因为经销商或代理商的声誉和客户满意度直接影响到产品或服务的销售情况。此外，财务稳定性是确保合作伙伴能够履行合同义务和维持长期合作关系的重要因素。最后，与企业的价值观和品牌形象是否相符是确保合作伙伴能够代表企业形象并传达企业价值观的关键考量。一旦确定了筛选标准，接下来是寻找潜在的合作伙伴。这可以通过多种渠道进行，包括通过行业展会，商业网络，行业协会等寻找潜在的经销商或代理商。在寻找潜在合作伙伴的过程中，企业应该积极地与他们沟通，并了解他们的业务模式，市场经验，以及他们对企业产品或服务的兴趣和理解程度。在初步沟通后，可以考虑组织面对面的会议或考察访问，以进一步了解潜在合作伙伴的实力和能力。

在与潜在合作伙伴进行深入沟通和了解后，企业可以开始评估其符合筛选标准的程度。这可以通过收集和分析潜在合作伙伴的相关信息，包括其销售数据、客户反馈、财务报表等来实现。同时，企业还可以考虑与潜在合作伙伴签订试用期合同或进行小规模的合作项目，以测试其业务能力和与企业的配合程度。一旦确定了合适的经销商或代理商，接下来是建设销售网络。这包括与合作伙伴建立合作关系，共同制订销售计划和目标，并提供必要的支持和培训。建设销售网络需要双方的密切合作和沟通，以确保销售活动的顺利进行。此外，企业还可以考虑利用技术手段来支持销售网络的建设，例如建立在线销售平台或提供数字营销工具，以扩大销售覆盖范围并提高销售效率。在建设销售网络的过程中，企业应该不断地监测和评估合作伙伴的业绩和表现，并根据实际情况进行调整和优化。这包括定期与合作伙伴进行业绩评估和反馈，并根据市场变化和客户需求调整销售策略和计划。通过持续的合作和改进，企业可以建立一个稳固的销售网络，为产品或服务的长期成功奠定基础。

（三）建立销售网络基础设施

1. 信息系统建设

一套完善的销售管理系统能够有效地跟踪销售数据、进行库存管理和管理客户信息，从而提高销售管理的效率和精度。而随着科技的不断发展，销售网络的建设也成为企业在市场竞争中脱颖而出的重要因素之一。销售网络的建设涵盖了多个方面，包括销售渠道的拓展、在线销售平台的建设、供应链管理的优化等。通过建立完善的销售网络，企业可以更好地覆盖市场，扩大销售范围，提升品牌影响力，增加销售额。销售网络的建设能够帮助企业实现销售渠道的多元化。传统的销售渠道往往局限于实体店铺和传统的经销商网络，但随着互联网的普及和电子商务的发展，企业可以通过建立在线销售平台，如网站、移动应用等，将产品推向更广泛的市场。通过多元化的销售渠道，企业可以更好地满足不同消费者群体的需求。

销售网络的建设可以促进销售过程的信息化和智能化。通过信息系统的支持，企业可以实现销售数据的实时监控和分析，及时了解产品销售情况和市场需求变化，为销售决策提供科学依据。同时，基于大数据和人工智能技术，企业可以开发智能化的销售预测模型，准确预测产品销售趋势，优化库存管理，降低库存成本，提高资金利用效率。销售网络的建设还可以优化供应链管理，提升供应链的响应速度和灵活性。通过信息系统的整合和优化，企业可以实现与供应商、物流公司等合作伙伴的信息共享和实时沟通，实现供应链各环节的协同优化。例如，企业可以通过销售数据分析预测产品需求，及时调整采购计划，减少库存积压和缺货现象，提高供应链的效率和稳定性。销售网络的建设还可以加强与客户的互动和沟通，提升客户满意度和忠诚度。通过建立在线客户服务平台和社交媒体渠道，企业可以与客户实时互动，及时解决他们的问题和反馈，提供个性化的产品推荐和服务，增强客户黏性。同时，通过分析客户数据和行为，企业可以洞察客户需求和偏好，精准营销，提升销售转化率。

2. 物流网络建设

优化物流网络可以确保产品能够快速、高效地到达各个销售点，从而提高客户满意度，增强竞争力。物流网络的建设能够实现供应链的优化和整合。现代企业的供应链往往涉及多个环节，包括原材料采购、生产制造、仓储配送等。通过优化物流网络，企业可以实现供应链各环节的协同配合，提高物流效率和灵活性。例如，企业可以通过建立智能化的仓储管理系统，实现仓库库存的实时监控和管理，提高库存周转率，降低资金占用成本。

物流网络的建设可以实现配送的快速和精准。随着消费者对送货速度和服务质量要求的不断提高，企业需要建立快速响应的物流网络，确保产品能够及时送达。通过建立智能化的物流调度系统和路线优化算法，企业可以实现配送路线的精确规划和动态调整，提高配送效率，缩短配送时间，提升客户满意度。物流网络的建设可以降低物流成本。物流成本是企业运营成本的重要组成部分，直接影响着产品的竞争价格和利润空间。企业可以降低配送成本、仓储成本等各项物流费用，提高物流效率，降低产品销售价格，增强市场竞争力。例如，企业可以通过建立合理的物流网络布局和选择合适的物流合作伙伴，缩短物流运输距离和时间，减少运输成本。物流网络的建设可以提升企业的环境可持续发展能力。随着环境保护意识的不断增强和环境法规的不断加强，企业需要关注物流活动对环境的影响，并采取相应的环保措施。企业可以降低运输排放、减少包装废弃物、优化运输路线等，降低物流活动对环境的负面影响，提升企业的社会责任感和可持续发展能力。

3. 售后服务体系

在建设完善的销售网络的基础上，更是不可或缺的一环。建立完善的售后服务体系可以提升客户满意度。在竞争激烈的市场环境中，售后服务已经成为企业赢得客户的关键因素之一。通过建立完善的售后服务体系，企业可以及时响应客户的需求和反馈，提供专业、高效的售后服务，增强客户的满意度和信任度。例如，企业可以建立24小时客户服务热线，设立线上客户服务平台，实现全天候的服务支持，帮助客户解决问题。

建立完善的售后服务体系可以提升品牌忠诚度。良好的售后服务体验可以深刻地影响客户对品牌的认知和评价，从而增强客户对品牌的忠诚度和信赖度。通过提供个性化、定制化的售后服务，企业可以深入了解客户的需求和偏好，实现品牌与客户之间的情感连接。例如，企业可以根据客户的购买记录和行为数据，定制专属的产品推荐和服务方案，提升客户的购买频率和金额，增强品牌的忠诚度和口碑效应。建立完善的售后服务体系可以增强企业的竞争力和持续发展能力。在市场竞争日益激烈的情况下，售后服务已经成为企业的重要竞争策略之一。通过提供优质的售后服务，企业可以树立良好的品牌形象，赢得客户的信任和支持，从而增强市场竞争力。同时，良好的售后服务体系也可以帮助企业提高产品的质量和性能，降低产品的售后成本和风险，实现企业的可持续发展。例如，企业可以建立健全的产品质量监控和反馈机制，及时收集客户的投诉和建议，不断改进产品设计和生产工艺，提高产品的质量和可靠性，降低售后服务的成本和压力。建立完善的售后服务体系可以促进销售网络的持续发展。售后服务不仅是客户购买产品后的服务保障，也是销售网络发展的重要支撑。通过提供专业、高效的售后服务，企业可以增强客户对销售网络的信任和依赖，促进销售网络的持续扩展和壮大。例如，企业可以通过建立售后服务培训体系，提升销售人员的售后服务意识和技能，增强销售网络的服务能力和竞争力，推动销售业绩的持续增长。

二、销售网络的拓展

（一）渠道分销

1. 代理商和分销商

通过代理商和分销商，企业可以将产品推广到更广泛的市场，实现销售网络的快速拓展和市场份额的增加。寻找合适的代理商和分销商需要根据企业的产品特点和市场定位进行精准定位和筛选。企业应该深入分析目标市场的需求和竞争格局，确定适合的代理商和分销商类型和规模。例如，如果企业的产品属于高端品牌，那么可以选择专业化、高端化的代理商和分销商；如果企业的产品定位于大众市场，那么可以选择覆盖面广、渠道多样的代理商和分销商。同时，企业还需要考虑代理商和分销商的经营实力、市场影响力、客户资源等方面的情况，确保选择的合作伙伴能够为企业带来持续稳定的销售增长。

企业应该积极主动地与潜在的代理商和分销商进行沟通和合作，建立互信互利的合作关系。例如，企业可以通过参加行业展会、举办产品推介会等方式，与潜在的代理商和分销商进行面对面的交流和洽谈，了解他们的需求和意向，探讨合作模式和条件，达成合作意向。同时，企业还可以通过签订合作协议、建立长期稳定的合作机制等方式，加强与代理商和分销商的合作关系，共同推动销售网络的拓展和市场份额的增加。提供全方位的支持和服务是寻找合适代理商和分销商的关键。代理商和分销商作为企业的重要合作伙伴，需要得到企业的全方位支持和服务，才能更好地推广和销售产品。企业应该为代理商和分销商提供专业化的产品培训和技术支持，帮助他们了解产品特点和优势，提升销售技能和服务水平。同时，企业还可以为代理商和分销商提供市场营销支持和销售推广工具，如广告宣传资料、促销活动支持等，帮助他们开拓市场。此外，企业还应建立完善的售后服务体系，及时处理代理商和分销商的售后问题和投诉，维护合作关系的稳定和持续发展。建立有效的激励机制是寻找合适代理商和分销商的关键。代理商和分销商作为企业的销售代表和渠道推广者，需要得到相应的激励和奖励，才能更有动力地推广和销售产品。企业可以通过设置丰富多样的激励政策和奖励机制，如提供销售提成、销售额奖励、年终奖金等，激发代理商和分销商的积极性和创造力，增强他们的合作意愿和动力。同时，企业还可以通过建立销售目标和绩效评估体系，定期评估和奖励代理商和分销商的销售业绩和表现，促进合作关系的稳定和持续发展。

2. 经销网络

经销网络扮演着桥梁的角色，连接着生产企业和终端客户，是销售渠道中至关重要的一环。建立可靠的经销网络需要进行市场调研和渠道分析，确定适合的经销商类型和规模。企业应该深入了解目标市场的需求和竞争情况，分析不同地区和客户群体的特点和偏好。例如，如果企业的产品主要面向城市消费者，那么可以选择在城市建立专业化、规模化的经销网络；如果企业的产品主要面向农村消费者，那么可以选择在农村建立覆盖面广、渠道多样的经销网络。同时，企业还应该考虑经销商的经营实力、市场影响力、客户资源等方面的情况，确保选择的经销商能够为企业带来持续稳定的销售增长。建立可靠的经销网络需要积极主动地与潜在的经销商进行沟通和合作。企业应该通过各种渠道，如参加行业展会、举办经销商招募会等方式，与潜在的经销商进行面对面交流和洽谈。同时，企业还可以通过网络平台、社交媒体等方式，拓展经销商招募的渠道，吸引更多的优质经销商加入合作。在与经销商进行合作的过程中，企业应该建立长期稳定的合作关系，加强沟通和协调。

（二）跨境电商

跨境电商作为一种全新的销售模式，在当今全球化的时代具有巨大的发展潜力。通过跨境电商平台，企业可以将产品销售到国际市场。然而，要想顺利进入国际市场，除了具备竞争力的产品外，还需要了解目标市场的文化、法律和物流要求，制订相应的营销策略和销售计划。了解目标市场的文化是进行跨境电商的重要前提。不同的国家和地区有着不同的文化背景、消费习惯和价值观念，企业需要深入了解目标市场的文化特点，调整和优化产品设计、包装、营销等方面的策略，以适应目标市场的需求。例如，某些国家对产品的品质和品牌非常重视，企业可以通过提供高品质的产品和个性化的服务，赢得消费者的信任和认可；而在某些国家，节日和节庆的文化传统非常重要，企业可以根据当地的节日和节庆，推出相应的促销活动和产品组合，吸引消费者的注意力并激发购买欲望。了解目标市场的法律和法规是进行跨境电商的必备知识。不同国家和地区有着不同的进出口政策、税收政策、消费者保护法等法律法规，企业需要了解和遵守目标市场的相关法律法规，以避免因法律问题而影响业务的正常开展。例如，某些国家对进口产品的质量和安全有严格的标准和检测要求，企业需要确保产品符合当地的标准和要求，以避免产品被退运或遭受罚款；跨境电商交易可能涉及跨境支付、货币兑换等金融问题，企业需要合法合规地处理相关金融业务，以确保交易的顺利进行。

快速高效的物流配送是跨境电商成功的关键之一，企业需要选择可靠的物流合作伙伴，建立高效的物流网络，确保产品能够及时、安全地送达目标市场的消费者手中。例如，某些国家和地区的物流网络相对发达，企业可以选择与当地的快递公司合作，实现快速配送和门到门服务；而在某些偏远地区，物流条件可能较为复杂，企业可以采用多种物流方式，如海运、空运、铁路运输等，灵活调配资源，确保产品能够顺利到达。制订相应的营销策略和销售计划是进行跨境电商的关键步骤。根据目标市场的特点和需求，企业可以制订针对性的营销策略，选择合适的营销渠道和推广方式，如搜索引擎优化、社交媒体营销、跨境电商平台广告等，提升产品在目标市场的知名度和曝光率。同时，企业还可以制订销售计划，设定销售目标和指标，监控销售业绩和市场反馈，及时调整和优化营销策略，实现销售网络的持续拓展和市场份额的增加。

（三）参与展会和行业活动

通过参加展会和活动，企业可以直接接触潜在客户和合作伙伴，展示产品和服务，了解最新的市场趋势，建立业务联系，促进业务发展。选择合适的展会和行业活动是参与展会和活动的关键。企业应该根据自身的产品特点、市场定位和发展需求，选择与之匹配的展会和活动参与。例如，如果企业是汽车零部件生产商，可以选择参加汽车行业的国际汽车零部件展览会；如果企业是数码产品制造商，可以选择参加国际消费电子展览会。同时，企业还应该考虑展会的规模、影响力、参展成本等因素，选择适合自身发展的展会和活动参与。展会前的准备工作至关重要。企业应该提前制订展会计划和方案，明确参展目的、展品展示、展位布置、人员安排等各项工作内容。例如，企业可以准备精美的展台和宣传资料，展示公司形象和产品特色；安排专业的销售团队和技术人员，与潜在客户和合作伙伴进行深入交流和洽谈；开展促销活动和产品演示，吸引参观者的注意和关注。同时，企业还应该密切关注展会组织方和参展商的通知和安排，做好展会期间的各项准备工作，确保展会参展顺利进行。

企业应该根据展会的安排和情况，合理安排展位人员和产品展示，寻求合作机会和商业合作。例如，企业可以开展产品演示和讲座，介绍产品特点和应用场景，吸引参观者的关注和兴趣；开展客户洽谈和合作洽谈，与潜在客户和合作伙伴进行面对面的沟通和洽谈，确定合作意向和合作方式。同时，企业还可以借助展会平台，了解行业最新的发展趋势和市场动态，调整和优化企业的发展战略和营销策略，提升企业的竞争力和影响力。展会后的跟进工作和总结反思是展会参与的必要环节。企业应该及时跟进展会期间建立的业务联系和合作意向，与潜在客户和合作伙伴保持长期密切的沟通和联系，促进业务合作的深入发展。同时，企业还应该对展会参与的效果和成效进行总结反思，分析展会期间的优缺点和不足之处，汲取经验教训，完善展会参与的策略和方法。

第三节　电子商务在销售渠道中的应用

一、自有网站销售

通过建立自己的电子商务网站，企业可以获得更大的自主性和灵活性，可以根据企业的品牌形象和市场需求进行定制化设计和销售策略。电子商务在销售渠道中的应用是企业实现销售目标的重要方式之一。① 随着互联网和移动互联网的发展，越来越多的消费者习惯于在网上购物，电子商务已经成为人们生活的重要组成部分。企业可以将产品直接推送给消费者，消费者可以在任何时间、任何地点通过互联网购买产品或服务，实现购物的便捷和快捷，从而提升购物体验和用户满意度。同时，电子商务还可以帮助企业实现销售网络的全球化和个性化定制，拓展国内外市场，提升销售业绩和盈利能力。建立自己的电子商务网站具有更大的自主性和灵活性。与传统的销售渠道相比，自己的电子商务网站可以更好地展示企业的品牌形象和产品特色，可以根据企业的发展需求和市场变化进行定制化设计和销售策略，实现个性化定制和差异化竞争。例如，企业可以根据不同产品的特点和市场需求，设计多样化的页面风格和产品展示方式，提升产品的吸引力和竞争力；可以根据不同消费者的购买行为和偏好，定制个性化的营销活动和促销策略，提升销售的效果和转化率。

建立自己的电子商务网站可以帮助企业实现销售渠道的多元化和互联网化。除了传统的实体店铺和经销商渠道外，企业还可以通过建立自己的电子商务网站，开拓在线销售渠道，实现销售网络的多元化和互联网化。例如，企业可以通过搜索引擎优化、社交媒体营销、电子邮件营销等方式，提升网站的曝光率和访问量，吸引更多的用户到访网站，增加产品的曝光和销售机会；可以通过电子商务平台和第三方电商平台合作，拓展在线销售渠道，覆盖更广泛的市场。建立自己的电子商务网站可以帮助企业实现销售过程的数字化和智能化。企业通过实现销售过程的数字化管理和智能化运

---

① 李华. 企业销售人员培训的难点和应对策略 [J]. 经营管理者，2024 (03)：74-75.

营，提升销售效率和客户体验。例如，企业可以通过电子商务网站实现订单管理、库存管理、客户管理等功能，实现销售过程的自动化和信息化，提升销售效率和服务质量；可以通过数据分析和人工智能技术，分析客户行为和购买偏好，提供个性化的推荐和服务。同时，企业还可以通过电子商务网站实现销售数据的实时监控和分析。

二、移动应用销售

企业可以通过开发自己的移动应用，提供便捷的购物体验，向消费者销售产品或服务。移动应用销售不仅可以满足消费者随时随地的购物需求，还可以帮助企业拓展销售渠道，增加销售额和市场份额。移动应用在销售渠道中的应用是企业实现销售目标的重要方式之一。随着智能手机的普及和移动应用的发展，越来越多的消费者习惯于使用移动应用进行购物和交易，移动应用已经成为人们生活的重要组成部分移动应用还可以帮助企业实现销售渠道的全球化和个性化定制。

开发自己的移动应用具有更大的自主性和灵活性。开发自己的移动应用可以帮助企业实现销售渠道的多元化和互联网化。除了传统的实体店铺和电子商务网站外，企业还可以通过开发自己的移动应用，开拓移动应用销售渠道。例如，企业可以通过搜索引擎优化、社交媒体营销、移动应用推广等方式，提升移动应用的曝光率和下载量，吸引更多的用户下载和使用移动应用；可以通过移动应用商店和应用推荐等渠道，增加移动应用的下载量和用户量。

三、在线销售平台

电子商务平台如亚马逊、eBay、淘宝等已经成为企业在线销售的主要渠道之一（图4-1、图4-2、图4-3）。这些平台提供了一个庞大的线上市场，连接了消费者和商家，为企业提供了一条便捷、高效的销售渠道。通过在这些平台上建立自己的在线店铺，企业不仅可以直接向消费者销售产品，还可以通过平台的B2B功能与其他企业进行交易，实现产品的批发和分销。电子商务在在线销售平台中的应用是企业实现销售目标的重要方式之一。亚马逊、eBay、淘宝等电子商务平台拥有庞大的用户群体和丰富的商品资源，每天都有数以百万计的用户在这些平台上进行交易，成交额巨大。企业可以借助平台的流量和品牌影响力，快速吸引大量的潜在客户和消费者，提升产品的曝光率和销售机会。同时，这些平台还提供了完善的交易保障和客户服务体系，保障交易的安全和顺利进行，提升用户的购物体验和满意度。通过在线销售平台可以实现销售渠道的全球化和国际化。亚马逊、eBay 等电子商务平台拥有全球化的业务布局和国际化的用户群体，覆盖了全球范围内的消费者和市场。通过在这些平台上销售产品，企业可以轻松拓展国内外市场，实现销售渠道的多元化和国际化。与传统的实体店铺和电子商务网站相比，通过在线销售平台可以更快速、更经济地进入国际市场，降低市场拓展的成本和风险，提高市场竞争力和盈利能力。

图 4-1　亚马逊

图 4-2　eBay

图 4-3　淘宝

　　通过在线销售平台可以实现销售渠道的多元化和跨界合作。亚马逊、eBay 等电子商务平台提供了丰富多样的商品分类和行业板块，涵盖了各个领域和行业的产品和服务。通过在这些平台上建立在线店铺，企业可以将产品推广到更广泛的市场和用户群体，拓展销售渠道，增加销售机会。同时，这些平台还提供了 B2B 功能和合作机会，企业可以通过平台与其他企业进行合作和交易，扩大销售规模和市场影响力。通过在线销售平台可以实现销售过程的数字化和智能化。亚马逊、eBay 等电子商务平台提供了丰富的数据分析和营销工具，帮助企业实现销售过程的数字化管理和智能化运营。通过这些工具，企业可以实时监控销售数据和业绩指标，分析用户行为和购买偏好，调整和优化销售策略和营销活动，提升销售效果和转化率。通过在线销售平台可以更好地了解市场需求和用户需求，精准定位目标客户和细分市场，提高营销效率和销售业绩。

第四节 销售渠道与网络的优化与升级

一、销售渠道与网络的优化

（一）多渠道销售策略

通过利用多种销售渠道，如线下零售店、在线商店、市场销售、批发、代理商等，企业可以最大程度地覆盖潜在客户群，提升产品的曝光度和销售机会。同时，通过优化销售渠道与网络，企业可以实现销售效率的提升和销售业绩的持续增长。多渠道销售策略的实施步骤包括渠道选择、渠道整合、渠道管理和渠道优化。在渠道选择阶段，企业应该根据产品特点、市场定位和目标客户群体，选择适合自身发展的销售渠道。在渠道整合阶段，企业应该将各个销售渠道整合起来，形成一个统一的销售网络，实现销售资源的共享和协同。在渠道管理阶段，企业应该建立完善的渠道管理体系，包括渠道招商、培训和考核机制，确保各个销售渠道的正常运作和业绩达标。在渠道优化阶段，企业应该不断优化销售渠道和网络，实现销售业绩的持续增长。多渠道销售策略的优势在于覆盖面广、销售机会多。企业可以覆盖更广泛的市场和客户群体，吸引更多的潜在客户和消费者。例如，通过线下零售店可以吸引周边居民和过路客户，通过在线商店可以覆盖全国乃至全球的消费者，通过市场销售可以接触到各种行业和领域的客户，通过批发商和代理商可以拓展更广泛的销售渠道和市场份额。通过多渠道销售策略，企业可以最大程度地实现销售目标和业绩增长。

多渠道销售策略的优势在于风险分散、稳定性强。企业可以分散销售风险，降低对单一销售渠道的依赖，提高企业的抗风险能力和稳定性。例如，如果某个销售渠道受到了不利因素的影响，如经济周期的波动、市场竞争的加剧等，其他销售渠道仍然可以保持稳定运作，保障企业的销售和盈利。企业可以更好地应对市场变化和竞争压力，实现销售业绩的稳步增长。多渠道销售策略的优势在于客户体验好、满意度高。企业可以更好地满足不同客户群体的购物需求和购物习惯，提升客户的购物体验和满意度。例如，通过线下零售店可以提供面对面的购物体验和咨询服务，通过在线商店可以实现 24 小时不间断的在线购物和订单管理，通过市场销售可以参与到各种展会和活动中，与客户进行深入交流和洽谈，通过批发和代理商可以提供定制化的产品和服务，满足客户的个性化需求。企业可以更好地关注和理解客户的需求和反馈，提升客户的购物体验和忠诚度，实现客户关系的持续发展和价值的最大化。

（二）社交媒体营销

利用社交媒体平台建立品牌知名度并与潜在客户进行互动已经成为许多企业提升销售和市场份额的主要策略之一。了解受众的兴趣、偏好和行为习惯将有助于确定最有效的内容和沟通方式。在确定了目标受众后，接下来就是创建有吸引力的内容。内容可以是多样化的，包括文字、图片、视频和互动式内容等。关键是确保内容与受众的兴趣相关，并且具有吸引力和分享价值。

促销活动是吸引潜在客户的另一个重要方法。这些活动可以是限时优惠、打折促销、赠品活动等。通过在社交媒体上宣传这些活动，可以吸引更多关注和参与，并且促进销售增长。除了内容和促销活动外，客户见证也是提升品牌知名度和信誉的重要手段。客户见证可以是文字、图片或视频形式的，展示客户对产品或服务的真实体验和评价。这种真实的反馈可以增加潜在客户的信任度，并鼓励他们转化为实际购买者。销售渠道的优化也是社交媒体营销成功的关键因素之一。需要考虑目标受众的偏好和行为习惯。例如，如果目标受众主要在 Instagram 上活跃，那么重点关注 Instagram 的营销策略会更有效。此外，确保销售渠道与社交媒体平台无缝集成，以便用户可以轻松地浏览产品并进行购买。网络的优化也至关重要。这包括优化网站以提高用户体验、提升搜索引擎排名和增加转化率。确保网站响应速度快、页面加载时间短、界面友好，并且能够在各种设备上良好显示。此外，通过搜索引擎优化（SEO）和付费广告等手段，提高网站的曝光度和流量，进而增加潜在客户的数量。

二、销售渠道与网络的升级

(一) 移动应用开发

通过开发一个移动应用程序，企业可以增加与客户的接触频率，提供更加个性化和便捷的购物体验，从而提升销售和客户满意度。移动应用的开发可以增加企业与客户之间的接触频率。随着人们对移动设备的依赖日益增加，他们更愿意通过手机或平板电脑来进行购物和与品牌互动。企业可以在客户的手机上建立起一个品牌存在，并通过推送通知、个性化推荐等功能与客户保持联系，从而增加与客户的接触频率。移动应用可以提供更加个性化和便捷的购物体验。与传统的网页浏览相比，移动应用可以更好地利用手机的硬件功能，如摄像头、定位和传感器等，为客户提供更加个性化的购物体验。例如，通过使用摄像头识别技术，客户可以轻松地扫描商品条形码或拍摄商品图片，获取更多相关信息或进行购买。此外，移动应用还可以根据客户的偏好和行为习惯，提供个性化的推荐和优惠，增强购物体验的便捷性和满意度。针对销售渠道和网络的升级可以进一步提升移动应用的效果。优化应用在不同平台上的展示和推广，如在 App Store 等应用商店进行精准优化和推广，以提高应用的曝光度和下载量 (图4-4)。通过整合社交媒体和电子邮件营销等渠道，将应用推广给更广泛的受众，并吸引更多的用户进行下载和使用。利用数据分析和用户反馈，不断优化应用的功能和性能，提升用户体验，增加用户黏性和转化率。在开发移动应用时，还需要考虑安全性和隐私保护等重要问题。确保应用的数据传输和存储过程符合相关法律法规和行业标准，保护用户的个人信息和支付安全，建立用户信任，提升品牌声誉。

图4-4　App Store

（二）虚拟现实和增强现实技术

通过利用这些技术，企业可以为客户提供沉浸式的购物体验，从而增强他们的购买决策过程。虚拟现实技术可以为客户提供沉浸式的购物体验。通过虚拟现实头戴式显示器，客户可以仿佛置身于一个全新的虚拟环境中，与产品进行互动和体验。例如，客户可以通过 VR 技术在虚拟商店中逛街，试穿衣服、试戴首饰，甚至可以在虚拟环境中体验汽车驾驶等。这种沉浸式的购物体验可以增强客户的购买决策过程，提升其对产品的认知和满意度。

增强现实技术可以为客户提供个性化的购物体验。通过 AR 应用程序，客户可以在现实世界中通过手机或平板电脑屏幕上的虚拟图层来体验产品。例如，客户可以使用 AR 应用程序在家具商店中查看家具的摆放效果，或者在化妆品店中尝试不同颜色的口红和眼影。这种个性化的购物体验可以帮助客户更好地理解产品，从而更准确地作出购买决策。针对销售渠道和网络的升级可以进一步提升 VR 和 AR 技术的效果。如在 VR 和 AR 应用商店进行精准优化和推广，以提高应用的曝光度和下载量。通过整合社交媒体和电子商务平台等渠道，将 VR 和 AR 技术推广给更广泛的受众，吸引更多的用户进行体验和购买。在开发 VR 和 AR 应用时，还需要考虑内容的质量和创新性。确保应用的虚拟环境和增强现实图层能够吸引用户的注意力，并提供有价值的购物体验。此外，关注用户体验和界面设计，确保应用的操作流程简单易懂，提升用户的满意度和使用体验。

（三）人工智能和机器学习

人工智能（AI）和机器学习（ML）技术正在逐渐成为企业实现个性化推荐和营销的强大工具。通过利用 AI 和机器学习技术分析大量数据，企业可以提取有价值的信息，并根据这些信息为客户提供个性化的推荐和营销服务。AI 和机器学习技术可以帮助企业分析大量的客户数据，从中提取有价值的信息。通过分析客户的购买历史、行为模式、偏好和兴趣等数据，企业可以了解客户的需求和喜好，并做出相应的推荐和营销策略。例如，通过分析客户的浏览历史和购买记录，企业可以推荐相关的产品或服务，提高客户的购买率和满意度。AI 和机器学习技术可以实现个性化的推荐和营销服务。通过建立客户画像和预测模型，企业可以对客户进行细分，并针对不同的客户群体提供个性化的推荐和营销内容。例如，对于喜欢健身的客户，企业可以推荐相关的健身器材或营养补充剂；对于喜欢旅行的客户，企业可以推荐旅游目的地或机票优惠等。这种个性化的推荐和营销服务可以提高客户的满意度和忠诚度，促进销售增长

第五章 客户关系管理

第一节 客户关系管理的概念与意义

一、客户关系管理的概念

客户关系管理（Customer Relationship Management，CRM）旨在建立、维护和加强企业与客户之间的关系，以实现持续盈利和增长的目标。CRM 并不仅仅是一种技术或软件，更是一种全面的业务理念和战略，涉及组织结构、流程优化、技术工具和员工培训等方面。CRM 的目标不仅仅是简单地增加销售额，更重要的是建立长期稳固的客户关系，实现客户的满意度和忠诚度。通过系统化地管理客户信息、交流和互动，CRM 可以帮助企业更好地了解客户需求，及时响应客户反馈，从而增强客户的满意度和忠诚度。

CRM 的实施需要综合考虑组织内外部的因素。在内部，企业需要建立跨部门的团队合作机制，确保各个部门之间能够共享客户信息，并在客户互动过程中保持一致的信息和服务水平。同时，企业还需要选择合适的 CRM 技术工具，并进行员工培训，以确保技术的有效运用和员工的积极参与。在外部，企业需要与客户建立密切的联系，积极倾听客户的意见和建议，不断优化产品和服务。CRM 还可以为企业带来多方面的好处。CRM 可以帮助企业提高销售效率，通过更好地了解客户需求，及时把握销售机会。CRM 可以帮助企业降低营销成本，通过精准的客户定位和个性化的营销活动，提高营销的效果和回报。CRM 还可以帮助企业提升客户满意度和忠诚度，建立良好的口碑和品牌形象，为企业的长期发展打下坚实的基础。

二、客户关系管理的意义

（一）客户满意度和忠诚度提升

客户关系管理不仅仅是一种工具或技术，更是一种战略性的方法，有助于企业更好地理解客户需求，并以个性化、定制化的方式满足这些需求。客户满意度是指客户对企业提供的产品或服务的感受和评价程度。而客户忠诚度则是指客户对企业的忠诚程度和愿意再次购买产品或服务的意愿。这两者密切相关，客户满意度是客户忠诚度的基础，只有客户感到满意，才会愿意成为忠诚的长期客户。

CRM 通过收集、分析和利用客户数据，帮助企业更好地了解客户，从而提升客户满意度和忠诚度。CRM 可以帮助企业建立客户档案，记录客户的基本信息、购买记录、偏好和行为等数据。通过分析这些数据，CRM 可以帮助企业建立更加紧密的客户关系。通过 CRM 系统，企业可以及时与客户进行沟通和互动，了解客户的反馈和意见，及时解决问题和处理投诉，从而增强客户的满意度。CRM 还可以帮助企业进行客户维护和跟进，定期与客户进行联系，提供定制化的优惠和服务，使客户感受到被重视和关怀，进而增强客户的忠诚度。① CRM 还可以帮助企业提升销售效率和客户服务水平。销售团队可以更好地管理客户信息和销售机会，及时跟进潜在客户，提高销售转化率。同时，客服团队可以更加高效地处理客户问题和投诉，提供及时、专业的客户服务，增强客户的满意度和忠诚度。

（二）销售和市场开发

在当今竞争激烈的商业环境中，企业需要不断寻找新的销售机会和市场机遇，以实现业务增长和持续发展。在这一过程中，CRM 系统发挥着重要作用，它不仅可以帮助企业更好地了解潜在客户，跟踪销售机会的进展，同时也可以支持市场开发活动，识别潜在的目标客户群体，并进行有针对性的营销活动。CRM 系统通过收集、分析和管理客户数据，帮助企业更好地了解潜在客户的需求和偏好，识别潜在的销售机会，并跟踪这些机会的进展。销售团队可以轻松地查看客户信息和交互历史，了解客户的购买历史、偏好和行为，从而更加精准地进行销售活动。此外，CRM 系统还可以帮助销售团队优化销售流程，例如自动化销售流程、提醒销售人员跟进销售机会等，从而实现更高效的销售业绩。

CRM 系统还可以帮助企业实现销售和市场开发的整合。销售团队和市场团队可以共享客户信息和市场数据，实现信息的共享和协同工作，从而更加紧密地协同合作，

① 吴松林. 企业销售人员培训问题优化研究 [J]. 全国流通经济，2023（18）：147-150.

共同实现销售目标和市场目标。例如，销售团队可以通过 CRM 系统了解市场反馈和客户需求，及时调整销售策略和产品定位，以满足市场需求；而市场团队则可以通过 CRM 系统了解销售情况和客户反馈，优化营销活动和推广策略，提升市场效果和销售业绩。

第二节　客户关系管理的基本原则

一、客户至上原则

将客户置于企业活动的中心位置是现代企业成功的基本原则。这一理念强调以客户的需求和利益为导向，确保所有的业务决策和行动都能够最大程度地满足客户的需求。这种以客户为中心的经营理念不仅体现了企业对客户的尊重和关注，也是建立长期稳健的客户关系的重要保障。在这个竞争激烈、信息透明的时代，唯有不断追求客户至上，才能在市场中脱颖而出，赢得客户的信任和忠诚。客户至上的理念体现了对客户需求的高度重视。企业应该时刻关注客户的需求和期望，不断调整和优化产品和服务，确保它们能够与客户的需求保持一致。这需要企业建立有效的反馈机制，及时收集和分析客户反馈，了解客户的需求和意见，然后及时作出调整和改进。只有真正了解客户的需求，才能够更好地满足他们的需求，赢得他们的信任和支持。客户至上的理念体现了对客户利益的保护。企业应该将客户利益置于首位，不仅要提供优质的产品和服务，还要保障客户的合法权益和利益。这包括保护客户的隐私和个人信息，确保客户的安全和权益不受损害，以及提供公平、透明的交易环境，让客户感受到公正和诚信。只有保护客户的利益，才能够赢得客户的信任和忠诚，建立长期稳健的客户关系。

客户至上的理念还体现了对客户体验的重视。企业应该从客户的角度出发，不断优化客户体验。这包括提供便捷、高效的购物体验，提供个性化、定制化的服务和支持，以及建立贴近客户的沟通和互动机制，让客户感受到被重视和关心。只有提供优质的客户体验，才能够留住客户，赢得客户的口碑和推荐，实现持续发展和增长。客户至上的理念还体现了对客户关系管理的重视。客户关系管理是一种系统化的管理方法，旨在建立、维护和发展长期稳健的客户关系。它包括客户数据的收集和管理、客户关系的建立和维护、客户需求的分析和满足等方面。通过客户关系管理，企业可以更好地了解客户，建立紧密的客户关系，从而实现客户满意度和忠诚度的提升，促进企业的发展和增长。

二、信任和透明原则

建立信任关系是客户关系管理的基础之一，而诚实和透明则是确保这一信任关系稳固和持久的关键。企业在与客户交往过程中应该坚持诚实和透明原则，避免误导客户，确保与客户之间的信息交流和合作是公开透明的。这种诚实和透明不仅有助于增强客户对企业的信任，还能够提升客户满意度和忠诚度，促进长期的合作关系。诚实和透明体现了企业对客户的尊重和关怀。在商业活动中，企业往往面临着诸多诱惑和压力，但是企业必须时刻牢记自己的诚信和责任，不应该为了短期利益而欺骗客户或隐瞒信息。只有保持诚实和透明，才能够赢得客户的信任和尊重，建立长期稳健的合作关系。

客户希望与值得信赖的企业合作，他们希望得到真实和可靠的信息，而不是被误导或欺骗。当企业保持诚实和透明时，客户会感受到企业的诚意和诚信，增强对企业的信任和忠诚，从而提升客户的满意度和忠诚度。诚实和透明也有助于建立良好的企业形象和品牌声誉。在信息时代，消费者对企业的信任和口碑至关重要，而诚实和透明是赢得消费者信任的关键。消费者会对企业产生良好的印象，愿意选择与之合作，推荐给其他人，从而提升企业的品牌声誉和市场地位。诚实和透明有助于规避风险和避免纠纷。如果企业隐瞒信息或欺骗客户，往往会导致信任破裂、合作关系终止，甚至引发法律纠纷和舆论风波。而当企业保持诚实和透明时，可以及时发现和解决问题，避免潜在的风险和纠纷，保障企业和客户的合法权益。

三、整合性管理原则

整合性管理是一种将各个部门、功能和流程有效地整合在一起，以实现企业整体目标的管理方式。客户关系管理（CRM）扮演着至关重要的角色，它不仅仅是一种独立的业务功能，更应该融入企业的整体管理体系中，与销售、市场营销、客户服务等部门紧密合作，共同致力于实现客户满意度和业务目标。这种整合性管理不仅有助于提升客户体验和满意度，还能够促进内部协作和效率，实现企业的长期发展和增长。整合性管理强调将客户关系管理融入企业的整体管理体系中。CRM 不应该被视为一个独立的业务功能，而是应该与其他部门和功能密切结合，共同为实现企业整体目标而努力。例如，销售团队可以通过 CRM 系统了解客户的需求和偏好，从而提高销售效率和业绩；市场营销团队可以通过 CRM 系统了解客户反馈和市场趋势，优化营销策略和推广活动，提升品牌知名度和市场份额；客户服务团队可以通过 CRM 系统及时处理客户问题和投诉，提供专业的客户支持。通过将 CRM 融入企业的整体管理体系中，可以实现各个部门之间的协作和配合，共同为客户提供更好的产品和服务，实现客户满意度和业务目标的双重提升。

整合性管理强调内部协作和信息共享。在这个信息化、互联网时代，企业的各个部门和功能之间需要实现信息的共享和协作，才能够更好地满足客户的需求和期望。CRM 系统作为一个集成的信息平台，可以帮助企业实现内部协作和信息共享。销售、市场营销、客户服务等部门可以共享客户信息和市场数据，从而更加高效地满足客户的需求。同时，CRM 系统也可以帮助企业跟踪客户的交互历史和行为，了解客户的偏好和行为模式，从而更好地指导各个部门的工作，提升整体业绩和效率。整合性管理强调持续改进和优化。在这个竞争激烈的市场环境中，企业必须不断改进和优化自己的产品和服务，以保持竞争力和市场地位。CRM 系统作为一个集成的管理工具，可以帮助企业不断了解客户需求和市场变化，及时调整和优化产品和服务，以满足客户的需求和期望。同时，CRM 系统也可以帮助企业监测和评估业务绩效，发现问题和瓶颈，并提出改进措施，持续提升客户满意度和业务目标的实现。

第三节　客户关系管理的实施与运作

一、客户关系管理的实施

（一）选择合适的 CRM 系统

市场上存在许多种类和品牌的 CRM 系统，每个系统都有其独特的功能和特点。在选择 CRM 系统时，企业应该根据自身的销售流程和需求来进行评估，并选择与之相匹配的 CRM 平台。一个好的 CRM 系统应该具有完善的销售管理功能，包括销售线索管理、销售机会跟踪、销售活动日程安排等，以帮助企业更好地管理销售过程。企业应该对市场上可用的 CRM 系统进行调研和评估。现在市场上有许多知名的 CRM 系统，如 Salesforce、Hub Spot、Microsoft Dynamics 365 等（图 5-1、图 5-2、图 5-3、图 5-4），它们都拥有强大的功能和广泛的用户群。企业可以通过在线搜索、咨询专业人士、参加行业展会等方式来了解不同 CRM 系统的特点和优势，然后根据自身的需求和预算来进行筛选和评估。企业应该明确自身的销售流程和需求，并与 CRM 系统的功能进行对比。不同的企业可能拥有不同的销售流程和需求，因此选择 CRM 系统时应该根据自身的实际情况来进行评估。例如，一些企业可能更注重销售线索的获取和管理，而另一些企业可能更注重销售机会的跟踪和转化。因此，企业应该选择具有丰富的销售管理功能的 CRM 系统，以满足自身的销售需求。企业应该关注 CRM 系统的易用性和用户体验。[①] 一个好的 CRM 系统应该易于使用，界面简洁清晰，功能操作简单直观，用户体验良好。企业可以通过试用不同的 CRM 系统来体验其操作流程和界面设计，然后选择最符合自己团队使用习惯和工作流程的 CRM 系统。

图 5-1　Salesforce

图 5-2　Hub Spot

图 5-3　Microsoft

图 5-4　Dynamics 365

---

① 李炘翼. 苹果销售网络建设的若干思考 [J]. 中国产经, 2021（06）：52-54.

企业还应该考虑 CRM 系统的扩展性和定制性。随着企业的发展和业务规模的扩大，可能需要不断调整和优化 CRM 系统，因此选择具有良好的扩展性和定制性的 CRM 系统是非常重要的。企业可以选择那些支持第三方应用集成和自定义功能开发的 CRM 系统，以满足自身不断变化的需求和业务发展的需要。

企业在选择 CRM 系统时还应考虑系统的成本和费用。不同的 CRM 系统有不同的价格和订阅模式，企业应该根据自身的预算和财务状况来进行选择。除了系统的购买成本之外，还需要考虑后续的维护和更新费用，以及可能的培训和支持成本。综合考虑各方面因素，选择与企业销售流程和需求相匹配的 CRM 系统，才能够更好地提升销售效率和业绩。

（二）定制和配置 CRM 系统

通过根据销售团队的需求进行定制和配置，可以使 CRM 系统更加贴合实际业务流程，提高销售团队的工作效率和业绩。在定制和配置 CRM 系统时，需要设定销售阶段、销售机会的状态、客户分类等销售管理相关的字段和流程，以满足销售团队的具体需求。定制和配置 CRM 系统需要对销售团队的需求进行充分了解和分析。销售团队可能有不同的销售流程和需求，因此需要在系统定制和配置之前进行详细的需求调研和分析。这包括了解销售团队的工作流程、销售阶段的划分、销售机会的状态变化、客户分类的标准等方面。只有深入了解销售团队的实际需求，才能够更好地进行 CRM 系统的定制和配置，确保系统能够最大程度地支持销售活动的全过程管理。根据销售团队的需求进行 CRM 系统的定制和配置。定制和配置包括了解销售团队的具体工作流程，确定系统中需要包含的销售管理相关的字段和流程，然后根据需求进行系统的定制和配置。这可能涉及新增、删除或修改系统中的字段和模块，设定销售阶段和销售机会的状态，定义客户分类的标准，以及配置销售活动的日程安排等。通过定制和配置 CRM 系统，可以使系统更贴合销售团队的实际需求，提高销售活动的管理效率和精度。

定制和配置 CRM 系统还需要进行相关的培训和支持。一旦系统完成了定制和配置，就需要对销售团队进行相关的培训和支持，确保他们能够正确地使用系统，并充分发挥其功能和价值。培训内容可以包括系统的基本操作、销售流程的使用方法、销售机会的管理技巧等方面。同时，还需要提供系统使用过程中的技术支持和问题解决服务，及时解决销售团队在系统使用过程中遇到的问题和困难，确保系统能够顺利运行并发挥最大的效益。定制和配置 CRM 系统需要进行持续的优化和改进。销售团队的工作流程和需求可能会随着业务发展和市场变化而不断变化，因此需要定期对系统进行评估和调整，及时优化和改进系统的配置和功能，以满足销售团队不断变化的需求。这包括收集用户反馈和建议，分析系统使用情况和效果，及时调整和优化系统配置，以保持系统与业务需求的匹配度，并不断提升销售团队的工作效率和业绩。

二、客户关系管理的运作

（一）销售线索管理

销售线索是指那些表现出对企业产品或服务感兴趣的潜在客户，通过积极跟进和有效管理这些销售线索，可以促进销售团队的业务增长和客户获取。在 CRM 系统中，销售线索管理通常包括记录线索来源、客户兴趣点、跟进过程和结果等信息，以便销售人员更好地了解客户需求、进行跟进工作并实现销售目标。销售线索管理的关键在于及时捕获和记录潜在客户的信息。销售团队可以通过多种渠道获取销售线索，包括来自营销活动、网站访问、社交媒体互动、行业展会等渠道。CRM 系统可以帮助销售团队将这些线索信息集中存储，并及时记录线索的来源、兴趣点和其他重要信息。通过及时捕获和记录销售线索，销售团队可以更好地了解潜在客户的需求和偏好，为后续的跟进工作提供有力支持。销售线索管理需要销售团队进行有效跟进工作。销售人员需要根据销售线索的重要性和紧迫性进行优先级排序，并及时跟进线索，了解客户需求，提供个性化的产品或服务建议，以引导客户进入购买决策阶段。CRM 系统可以帮助销售团队制订跟进计划、设定提醒，以确保及时跟进销售线索，并记录跟进过程中的交流内容和结果。通过有效跟进工作，销售团队可以建立起与潜在客户的信任和关系，为后续的销售工作打下良好基础。

销售线索管理也需要销售团队进行定期的线索评估和更新。销售线索的状态和情况可能会不断变化，有些线索可能会转化为有效客户，而有些线索可能会失效或变得不再具有潜在价值。因此，销售团队需要定期对线索进行评估和更新，筛选出具有潜在销售价值的线索，并将其转化为销售机会，进一步开展销售工作。CRM 系统可以帮助销售团队进行线索评估和更新，提供丰富的报表和分析工具，以便销售团队更好地了解线索的状态和变化，并及时调整销售策略和计划。销售线索管理也需要与其他销售流程和功能进行有效整合。销售线索管理是销售流程的一个重要环节，与销售机会管理、客户管理、报价管理等功能密切相关。CRM 系统可以帮助销售团队将线索管理与其他功能整合起来，实现信息的共享和流转，提高工作效率和协作效果。例如，销售线索可以通过销售机会管理功能转化为有效客户，然后进一步跟进和管理客户关系，最终实现销售目标。通过与其他功能的有效整合，销售团队可以更好地实现销售线索的管理和转化，提高销售业绩和客户满意度。

（二）销售机会管理

销售机会是指那些已经被初步确认为有可能成交的商业机会，通过 CRM 系统进行管理和跟踪，销售团队可以更好地分析客户需求、制订销售策略和计划，并预测销售机会的成功概率。在销售机会管理中，CRM 系统记录了客户需求分析、报价、谈判等阶段的详细信息，为销售团队提供了有力的支持和指导，有助于提高销售效率和业绩。销售机会管理通过 CRM 系统帮助销售团队进行客户需求分析。销售人员可以利用 CRM 系统记录和分析客户的需求和偏好，了解客户的购买意向和优先考虑的产品或服务特点。通过客户需求分析，销售团队可以更好地了解客户的需求和期望，为后续的销售工作提供有力支持，制订个性化的销售策略和计划，提高销售成功的概率。销售机会管理通过 CRM 系统实现销售机会的跟踪和管理。销售团队可以在 CRM 系统中创建和跟踪销售机会，记录销售机会的关键信息，包括客户名称、联系人信息、销售阶段、预计成交金额、预计成交时间等。销售团队可以随时了解销售机会的进展情况，及时跟进和调整销售策略，以确保销售机会能够顺利进行并最终成功。

销售机会管理还通过 CRM 系统实现销售报价和谈判的记录和管理。销售团队可以在 CRM 系统中创建和管理销售报价，记录报价的详情和相关信息，并与客户进行谈判和沟通。销售团队可以随时了解销售报价的状态和变化，及时调整报价内容和策略，以满足客户需求并最终达成交易。销售机会管理也利用 CRM 系统帮助销售团队预测销售机会的成功概率。通过分析历史数据和销售趋势，CRM 系统可以帮助销售团队评估每个销售机会的成功概率，并据此制订销售策略和计划。销售团队可以根据 CRM 系统提供的数据和分析结果，优先处理高成功概率的销售机会。销售机会管理也通过 CRM 系统帮助销售团队进行销售机会的跟进和评估。销售人员可以利用 CRM 系统记录和跟踪销售机会的跟进过程和结果，包括与客户的沟通内容、客户反馈和反应等。

（三）客户互动记录

客户互动记录包括了与客户之间的各种互动形式，如电话交流、电子邮件往来、会议纪要等，通过 CRM 系统的存储和管理，销售团队可以随时查阅客户互动记录，了解客户的需求和偏好，从而更好地满足客户需求、增强客户满意度。客户互动记录的记录形式多样，包括电话、邮件、会议等。在销售过程中，销售人员与客户之间会进行多种形式的互动，例如电话交流可以快速有效地沟通，电子邮件可以记录下双方的交流内容，会议则可以面对面地深入探讨问题。销售人员需要将这些互动记录下来，并及时输入到 CRM 系统中，以便随时查阅和分析。CRM 系统的存储客户互动记录的功能非常重要。销售团队可以将客户的各种互动记录集中存储，建立起客户的完整档案。销售人员可以随时查阅与客户的互动记录，了解客户之前的需求和偏好，为后续的销售活动提供有力支持。这种信息的集中存储和管理，不仅提高了工作效率，也增强了销售人员对客户的了解和把握。

CRM 系统的分析功能可以帮助销售团队更好地利用客户互动记录。通过对客户互动记录的分析，销售团队可以发现客户的潜在需求和偏好。例如，如果某个客户在电话交流中多次提及某个产品特点，那么销售人员可以推测客户对这个产品感兴趣，从而有针对性地进行推销。通过 CRM 系统的分析功能，销售团队可以更好地洞察客户需求，制订更加精准的销售策略，提高销售成功率。CRM 系统的跟进提醒功能也对客户互动记录的存储和管理起到了重要作用。销售人员可以设置提醒，提醒自己随时跟进与客户的互动记录，确保没有遗漏任何重要信息。这种提醒功能可以帮助销售人员及时记录客户的互动，防止信息的丢失和遗漏，保证与客户关系的持续稳固。客户互动记录的存储和管理也有助于建立良好的客户关系。通过记录和管理客户的互动记录，销售团队可以更加细致入微地了解客户的需求和偏好，根据客户的反馈和反应调整销售策略和计划。销售人员可以根据客户的互动记录，及时回访客户，关心客户的需求和问题，建立起信任和合作关系，从而为企业带来更多的业务机会和长期稳定的收入。

第四节　客户关系管理的效果评估与改进

一、客户关系管理的效果评估

（一）销售活动效率指标

1. 拜访频率和效果

通过对销售团队的拜访频率和效果进行分析，并评估 CRM 系统是否有助于提高销售拜访效率，可以帮助企业更好地了解销售团队的工作状况，及时调整销售策略和方向。拜访频率的分析是了解销售团队工作状况的重要一环。拜访频率反映了销售团队与客户进行交流和沟通的密切程度，是衡量销售团队积极性和主动性的重要指标。通过 CRM 系统可以方便地记录销售团队的拜访频率，包括拜访时间、拜访对象、拜访内容等信息。通过对拜访频率的分析，可以了解销售团队的工作态度和行动力，及时发现问题并进行调整。拜访效果的评估是了解销售团队绩效的关键指标之一。拜访效果包括了解客户需求、提供解决方案、获取订单等方面的表现，是衡量销售团队销售能力和业绩水平的重要指标。通过 CRM 系统可以记录销售团队的拜访效果，包括客户反馈、订单情况、销售进展等信息。通过对拜访效果的评估，可以了解销售团队的销售能力和业绩表现，及时发现问题并进行改进。CRM 系统在提高销售拜访效率方面发挥着重要作用。CRM 系统可以帮助销售团队更好地规划和安排拜访计划。通过 CRM 系统可以查看客户信息、历史互动记录和销售机会进展，帮助销售团队识别出哪些客户需要进行拜访，以及拜访的时间和内容。这样可以帮助销售团队更加有针对性地制订拜访计划，提高拜访效率。

CRM 系统可以提供拜访准备所需的客户资料和历史记录。销售人员在进行拜访之前可以通过 CRM 系统了解客户的基本信息、历史交流记录、产品偏好等，为拜访做好充分的准备。这样可以提高拜访的针对性和有效性，更好地满足客户需求，增强客户信任和满意度。CRM 系统还可以提供实时的拜访反馈和跟进记录。销售人员在进行拜访之后可以通过 CRM 系统记录拜访的结果、客户反馈和下一步行动计划等信息，及时更新销售机会进展状态，并与团队其他成员共享相关信息。这样可以提高团队之间的协作效率，确保拜访过程的信息流畅和及时跟进，提高销售拜访效率。CRM 系统还可以通过分析拜访数据和拜访效果，为销售团队提供反馈和指导。通过对拜访频率和效果的分析，可以发现销售团队的工作优势和不足之处。同时，CRM 系统还可以通过报表和分析工具提供销售趋势和预测，为销售团队提供决策支持，帮助他们更好地制订销售计划和目标。

2. 销售线索转化率

销售线索转化率指的是从销售线索到实际成交的客户的转化比例，它反映了销售团队将潜在客户转化为实际业务的能力。通过观察销售线索的转化率，并评估 CRM 系统对销售线索转化的影响，企业可以确定系统是否有助于提高销售线索的质量和转化率，从而指导销售团队的工作。CRM 系统可以帮助销售团队更好地管理销售线索。CRM 系统可以存储和跟踪销售线索的来源、状态、跟进记录等信息，帮助销售团队全面了解销售线索的情况，及时进行跟进和处理。销售团队可以更加有效地管理大量的销售线索，提高销售线索的利用率和转化率。CRM 系统可以提供销售线索的自动分配和跟进功能。通过 CRM 系统的自动化功能，销售线索可以根据一定的规则和条件进行自动分配给相应的销售人员，确保每条销售线索都能得到及时跟进和处理。同时，CRM 系统还可以设置提醒和自动化任务，帮助销售团队及时跟进销售线索，提高线索转化的效率和速度。

CRM 系统可以提供销售线索的跟进和沟通记录。销售团队可以通过 CRM 系统记录和管理与销售线索的沟通记录，包括电话交流、邮件往来、会议纪要等信息，帮助销售团队更好地了解销售线索的需求和偏好。这样可以增强销售团队与客户之间的信任和关系，提高销售线索的转化率。CRM 系统还可以提供销售线索的分析和报告功能。通过 CRM 系统的分析和报告功能，销售团队可以对销售线索的来源、转化率、转化时间等进行全面分析，了解销售线索的质量和转化效果，发现潜在的问题和改进空间。通过对销售线索转化率的分析，销售团队可以及时调整销售策略和方向，提高销售线索的转化率和业绩水平。CRM 系统还可以提供销售线索的跟进提醒和任务管理功能。销售团队可以通过 CRM 系统设置提醒和任务，及时跟进销售线索的进展和结果，确保没有遗漏任何重要的销售线索，提高线索转化的效率和成功率。这样可以帮助销售团队更好地把握销售线索的机会。

（二）系统使用情况

通过观察销售团队对 CRM 系统的使用情况，并评估系统的使用率和用户满意度，企业可以及时了解系统的运作状况，发现问题并采取相应的改进措施。同时，收集用户反馈，了解用户对 CRM 系统的培训和支持需求，有助于确定是否需要进一步的培训和支持措施，以提高系统的使用效率和用户满意度。观察销售团队对 CRM 系统的使用情况是评估系统使用率的重要途径之一。销售团队对 CRM 系统的使用情况直接影响着系统的使用效果和客户关系管理的效率。通过观察销售团队的日常工作，可以了解他们是否积极主动地使用 CRM 系统记录客户信息、跟进销售机会、管理任务等。如果销售团队对 CRM 系统的使用不够积极，可能会导致信息不完整、跟进不及时等问题，影响客户关系管理的效果。

评估系统的使用率需要综合考虑多个因素，包括系统的功能和性能、用户的培训和支持、管理层的推动和监督等。一个功能完善、性能稳定的 CRM 系统可以提高用户的使用积极性，促使他们更加愿意主动地使用系统记录客户信息和跟进销售机会。同时，管理层的推动和监督也对系统的使用率起着重要作用，他们可以通过设定目标、奖惩机制等方式激励销售团队使用 CRM 系统，确保系统得到充分利用。评估用户的满意度是了解系统使用情况的重要指标之一。用户满意度直接反映了用户对系统的认可程度和使用体验，是评估系统是否能够满足用户需求的重要标志。通过定期收集用户反馈，了解用户对系统的使用体验、功能满意度、性能稳定性等方面的评价，可以及时发现用户存在的问题和不满意之处，并采取相应的改进措施，提高系统的使用效率和用户满意度。也是评估系统使用情况的重要途径之一。一个有效的培训和支持体系可以帮助用户更快地熟悉和掌握系统的使用方法和技巧，了解用户在系统使用过程中遇到的问题和困难，可以及时调整和改进培训和支持方案，满足用户的实际需求。

二、客户关系管理的效果改进

（一）提高数据质量

高质量的客户数据可以帮助企业更好地了解客户需求、制订精准的营销策略、提供个性化的服务，并最终提升客户满意度和忠诚度。为了确保客户数据的准确可靠，企业需要实施一系列数据质量控制措施，包括数据清洗、重复数据删除等，以提高 CRM 系统中数据的质量和可靠性。强调客户数据的质量和完整性是企业客户关系管理的基础。客户数据质量的好坏直接影响着企业的决策和行动，如果数据存在错误、缺失或不完整，将会导致企业做出错误的决策。因此，企业需要意识到客户数据的重要性，并将其视为提升客户关系管理效果的关键要素之一。及时更新客户信息和销售活动记录是确保客户数据质量的重要步骤。销售团队需要不断地收集、更新客户信息，并及时记录销售活动的情况和进展。通过及时更新客户信息和销售活动记录，可以确保 CRM 系统中的数据始终保持最新和准确，为后续的销售活动和客户沟通提供有力支持。

实施数据质量控制措施是提高 CRM 系统数据质量的关键。数据质量控制措施包括数据清洗、重复数据删除、格式统一等，旨在提高数据的准确性、一致性和完整性。通过数据清洗，可以清除数据中的错误、冗余和不完整信息，保证数据的准确性和可靠性。通过重复数据删除，可以清除数据中的重复记录，保证数据的唯一性和一致性。通过统一格式，可以统一数据的格式和规范，减少数据的混乱和错误，提高数据的质量和可读性。建立数据管理制度和流程也是提高 CRM 系统数据质量的重要举措。企业需要建立完善的数据管理制度和流程，明确数据的收集、录入、更新、维护和使用规范，确保数据管理的规范和有序。同时，企业还需要加强对销售团队的培训和指导，提高其对数据管理的重视和重要性认识，培养良好的数据管理意识和习惯。利用技术手段提高数据质量也是提高 CRM 系统数据质量的有效途径。企业可以借助数据质量管理软件、数据清洗工具等技术手段，对数据进行自动化清洗、检测和修复，提高数据质量的效率和准确性。通过技术手段的应用，可以提高数据质量管理的效率和水平，进一步提升 CRM 系统中数据的质量和可靠性。

（二）优化销售流程

通过审查销售流程，识别和消除流程中的瓶颈和不必要的复杂性，可以帮助企业更好地理解销售活动的运作情况，找出问题并采取相应的改进措施。简化销售流程，并通过 CRM 系统的自动化和优化关键步骤，可以减少手动操作和时间浪费，提高销售活动的效率和流畅度，从而提升客户关系管理的效果和企业的竞争力。审查销售流程是优化销售流程的第一步。企业需要对现有的销售流程进行全面审查和分析，了解每个环节的具体操作和流程，发现其中存在的问题和不足之处。通过调查销售团队的实际操作情况，与销售人员和销售管理人员进行沟通和交流，可以更好地了解销售流程的实际情况。识别和消除销售流程中的瓶颈和不必要的复杂性是优化销售流程的关键。销售流程中的瓶颈和不必要的复杂性会导致销售活动效率低下和流程不畅，影响销售团队的工作效率和客户关系管理的效果。通过识别和消除销售流程中的瓶颈和不必要的复杂性，可以简化销售流程。

简化销售流程需要结合 CRM 系统的自动化和优化关键步骤。CRM 系统可以帮助企业自动化和优化销售流程的关键步骤，减少手动操作和时间浪费。销售团队可以快速、准确地完成销售流程中的关键步骤，节省时间和精力。例如，CRM 系统可以通过自动化流程和工作流程管理功能，自动识别和触发销售流程中的关键步骤，将任务分配给相应的销售人员，并提醒他们及时完成任务。同时，CRM 系统还可以通过自动化通知和提醒功能，及时通知销售团队有关销售活动的最新信息和进展，帮助销售团队更好地跟进销售机会。CRM 系统还可以通过集成其他业务系统和数据源，实现销售流程的端到端管理和优化。通过 CRM 系统与其他业务系统和数据源的集成，可以实现销售流程的无缝连接和信息共享，提高销售活动的整体效率和流畅度。例如，通过 CRM 系统与客户关系管理系统、订单管理系统、库存管理系统等的集成，可以实现销售流程的自动化和优化。

第六章　销售技巧与沟通

第一节　销售技巧的基本要素

一、坚持与毅力

（一）积极的心态

销售人员面临着各种挑战和压力，需要具备坚定的信念和积极的心态，以应对各种挑战和困难。他们需要坚信自己的能力和产品的价值，学会从挫折和失败中汲取经验教训，不断提升自己的销售技巧和业务水平，实现个人和团队的销售目标。销售人员需要坚信自己的能力和产品的价值。销售人员需要不断与客户沟通和交流，介绍和推广企业的产品或服务。在面对客户时，销售人员需要表现出自信和坚定的态度，让客户感受到他们对产品的热情和信心。销售人员需要了解产品的特点和优势，并能够清晰地传达给客户，使客户对产品产生兴趣和信任。通过坚信自己的能力和产品的价值，销售人员可以更好地应对客户的质疑和异议，提高销售成功的概率。

销售人员需要学会从挫折和失败中汲取经验教训，而不是沮丧和放弃。销售人员可能会遇到各种挑战和困难，包括客户拒绝、竞争对手威胁等。在面对挫折和失败时，销售人员需要保持冷静和乐观的态度，不要轻易放弃，而是要寻找问题的原因，并找到解决问题的方法。销售人员需要不断总结和反思自己的销售经验，找出失败的原因和改进的空间。销售人员需要具备一定的销售技巧和基本要素。销售技巧是销售人员成功的关键之一，包括沟通技巧、谈判技巧、客户关系管理技巧等。销售人员需要具备良好的沟通能力，能够与客户建立良好的信任和关系，了解客户的需求和意向，并提供个性化的解决方案。销售人员还需要具备有效的谈判技巧，能够与客户就价格、交货期等问题进行有效协商和谈判。此外，销售人员还需要具备良好的客户关系管理技巧，能够与客户保持密切联系和沟通，建立长期稳定的合作关系。

（二）自我激励

学会自我激励可以帮助销售人员保持对销售工作的热情和动力，激发内在的潜能，更好地应对各种挑战，并坚持不懈地追求销售目标。自我激励可以通过设定奖励、建立明确的目标、保持积极的心态等方式实现，结合一定的销售技巧和基本要素，可以帮助销售人员取得更好的业绩和成就。设定奖励是自我激励的重要方式之一。销售人员可以设定一系列具体的奖励，作为达到销售目标的激励和动力。这些奖励可以是物质上的，如奖金、礼品、旅行等，也可以是精神上的，如认可、赞扬、晋升等。销售人员可以将奖励与销售目标挂钩，设定明确的目标和达成条件，当达到或超越目标时，即可获得相应的奖励，从而激励自己不断努力。建立明确的目标是自我激励的重要前提。销售人员需要明确自己的销售目标，包括销售额、客户数量、市场份额等，以及达成目标的时间和方法。设定明确的销售目标可以帮助销售人员明确自己的方向和目标，激发自己的进取心和动力，从而更加积极地投入销售工作中，并努力实现销售目标。销售人员还可以将大目标拆分为小目标，逐步实现，更容易激发自己的积极性和动力。

保持积极的心态是自我激励的重要保证。销售人员会面临各种挑战和困难，如客户拒绝、竞争压力等，而保持积极的心态可以帮助销售人员克服挑战，保持自信和乐观，不断寻找解决问题的方法和策略。销售人员可以通过培养乐观的心态，积极面对困难和挑战，相信自己的能力和潜力，坚持不懈地追求目标，从而更好地激励自己。除了以上几点，销售人员还需要具备一定的销售技巧和基本要素，以帮助他们更好地实现自我激励和提升销售业绩。销售技巧包括沟通技巧、谈判技巧、客户关系管理技巧等，这些技巧可以帮助销售人员更好地与客户沟通、建立信任、达成交易。此外，销售人员还需要具备良好的时间管理能力、团队合作精神、问题解决能力等，以应对各种复杂的销售情况和挑战。

二、时间管理

(一) 优先处理重要的销售任务

在一个竞争激烈的市场环境中，销售人员面临着各种销售任务和目标，需要有效地分配时间和精力，以实现销售业绩的最大化。根据销售目标和任务的重要性，优先处理最具挑战性和最有影响力的销售任务是提高销售人员工作效率和业绩的重要策略。销售人员需要根据销售目标和任务的重要性来确定优先处理的销售任务。销售任务的重要性可以从多个维度来考量，包括销售额、客户关系、市场份额等。销售人员可以根据企业的销售目标和战略重点，确定最重要的销售任务和目标，然后根据任务的紧急程度和重要性来进行优先处理。

销售人员需要优先处理最具挑战性和最有影响力的销售任务。最具挑战性的销售任务通常指的是那些难度较大、需要耗费较多时间和精力的销售任务，如开发新客户、挖掘潜在业务机会等。最有影响力的销售任务通常指的是那些对企业销售业绩和品牌形象具有重大影响的销售任务，如与关键客户的沟通、重要合同的签订等。通过优先处理最具挑战性和最有影响力的销售任务，销售人员可以最大程度地提升销售业绩和客户满意度，实现个人和企业的共赢。销售人员需要灵活应对不同销售任务的处理方式。在处理最具挑战性和最有影响力的销售任务时，销售人员需要灵活运用各种销售技巧和工具，如沟通技巧、谈判技巧、客户关系管理技巧等。销售人员还需要灵活运用时间管理技巧，合理安排时间和精力，确保能够高效地完成销售任务，并保持良好的工作状态和心态。通过不断学习和积累经验，销售人员可以更好地应对各种销售任务和挑战，提高工作效率和业绩水平。销售人员还可以与同事和领导进行交流和分享经验，共同探讨解决问题的方法和策略，进一步提升销售团队的整体业绩和竞争力。

(二) 集中精力和资源

销售人员需要面对各种销售任务和挑战，有效地管理时间和精力，以确保能够高效地完成销售目标。学会集中精力和资源，专注于完成当前的销售任务，避免被琐碎的事务和不必要的干扰分散注意力，是提高销售人员工作效率和业绩的重要策略。销售人员需要建立清晰的销售目标和计划。在开始销售工作之前，销售人员应该明确自己的销售目标和计划。通过建立清晰的销售目标和计划，销售人员可以更好地了解自己的任务和职责，有针对性地安排时间和精力，以确保能够有效地完成销售任务。

销售人员需要学会合理分配时间和精力。在面对多个销售任务和挑战时，根据销售任务的紧急程度和重要性来确定优先处理的任务，并合理安排时间和精力，确保能够高效地完成任务。销售人员可以采用时间管理工具和方法，如制订工作日程表、设置工作优先级、减少不必要的会议和社交活动等，以提高工作效率和业绩水平。销售人员需要学会专注于完成当前的销售任务。在进行销售工作时，销售人员应该将注意力集中在当前的销售任务上。销售人员可以采用专注于完成一项任务的方法，如设定工作时间段、关闭手机和电子邮件通知、减少社交媒体和网络浏览等，以提高工作效率和专注度。销售人员需要学会有效地应对各种干扰和挑战。在日常工作中，销售人员可能会面临各种干扰和挑战，如客户的拒绝、竞争对手的威胁等，而有效地应对这些干扰和挑战是提高销售人员工作效率和业绩的关键。销售人员可以采用积极的心态和解决问题的方法，如转移注意力、寻求帮助、调整策略等，以应对各种干扰和挑战，保持工作的连续性和高效性。

（三）学习和提升

随着市场竞争的不断加剧和客户需求的不断变化，销售人员需要不断地学习和提升自己的销售技能和知识，以适应市场的变化。通过学习新的销售技巧和方法，销售人员可以不断改进自己的工作方式，实现个人和团队的成功。销售人员应该学习新的销售技能和方法。销售人员可以通过参加销售培训课程、阅读销售书籍、观看销售视频等方式，学习新的销售技能和方法，不断提升自己的销售能力。例如，销售人员可以学习如何与客户建立良好的沟通和信任关系，如何有效地进行谈判和协商，以及如何管理客户关系。销售人员应该关注市场动态和行业发展。随着市场竞争的加剧和客户需求的不断变化，销售人员需要及时了解市场的最新动态和行业的发展趋势，以做出更准确的销售预测和决策。销售人员可以通过参加行业会议、阅读行业报告、关注行业网站等方式，了解市场的最新情况和竞争对手的动向，以及客户的需求和偏好，为自己的销售工作提供更多的信息和支持。

销售人员还应该不断提升自己的专业知识和行业知识。销售人员需要了解自己所销售的产品或服务的特点和优势，以及市场上竞争对手的产品或服务的情况，从而更好地与客户进行沟通和交流，提供个性化的解决方案。销售人员可以通过参加产品培训课程、了解产品技术规格、掌握产品应用场景等方式，提升自己的产品知识和行业知识，为销售工作提供更专业的支持和服务。销售人员还应该注重实践和经验积累。除了学习新的销售技能和知识，销售人员还需要通过实践和经验积累，不断提升自己的销售能力和业绩水平。销售人员可以通过与客户交流、参与销售活动、与同事合作等方式，不断积累销售经验，发现问题并解决问题，提高销售效率和业绩水平。通过不断实践和经验积累，销售人员可以更好地应对各种销售情况和挑战。

第二节 销售沟通的方法与技巧

一、销售沟通的方法

（一）建立信任

在与客户的沟通中，建立信任不仅需要展现专业知识和诚实，还需要运用一系列有效的销售沟通方法，以确保客户对销售人员和其代表的品牌有充分的信心和信任。了解客户需求和利益是建立信任的重要前提。在与客户沟通之前，销售人员应该花时间了解客户的需求、偏好和痛点，以及他们的行业和市场动态。这种了解可以通过研究客户的背景资料、行业报告，以及与客户进行深入的对话和交流来实现。了解客户需求和利益可以帮助销售人员更好地把握客户的关注点和需求，提供更有针对性的解决方案，从而增强客户对销售人员的信任和信心。展示专业知识和诚实是建立信任的关键要素之一。[①] 在与客户沟通的过程中，销售人员应该展示自己的专业知识和经验，以及对产品或服务的深入理解和熟练掌握。这可以通过提供详细的产品介绍、解答客户的问题和疑虑，以及提供客户案例和成功故事等方式来实现。同时，销售人员应该保持诚实和透明，避免夸大产品或服务的功能和优势，以及给客户带来误导。通过展示专业知识和诚实，销售人员可以增强客户对自己和所代表品牌的信任和信心，从而为长期合作奠定坚实的基础。

---

① 李伊伯，侯星宇. 销售人员绩效管理体系的建构及完善建议 [J]. 企业导报，2015（18）：53+61.

有效的沟通技巧也是建立信任的重要手段之一。销售人员应该运用一系列有效的沟通技巧，如倾听、提问、反馈等，以确保双方之间的沟通畅通和有效。销售人员应该倾听客户的需求和意见，了解客户的想法和感受，然后通过提问和反馈，进一步澄清和确认客户的需求和期望，以及向客户传递自己的信息和建议。通过有效的沟通技巧，销售人员可以建立起与客户之间良好的沟通和理解，增强客户对自己的信任和信心。建立信任还需要持续关注和关怀。销售人员应该保持与客户的密切联系，关注客户的需求和反馈，及时解决客户的问题和困扰，以及提供持续的支持和服务。这可以通过定期的电话、邮件或面对面会议，以及发送客户更新和提供相关信息等方式来实现。通过持续关注和关怀，销售人员可以建立起与客户之间的信任和忠诚，促进长期合作和持续发展。

（二）清晰表达价值

为了成功地传达产品或服务的价值，销售人员可以采用一系列有效的销售沟通方法。销售人员应该了解客户的需求和问题。销售人员应该花时间了解客户的需求、挑战和目标。这可以通过开展调研、观察客户行为、与客户进行深入交流等方式来实现。了解客户的需求和问题可以帮助销售人员更好地理解客户的痛点和关注点，为客户提供更有针对性的解决方案，并清晰地传达产品或服务的价值和优势。销售人员应该强调产品或服务的核心特点和优势。销售人员应该清晰地介绍产品或服务的核心特点、功能和优势，以及与竞争对手相比的差异化优势。销售人员可以通过提供详细的产品演示、案例分析、客户见证等方式，向客户展示产品或服务的价值和优势，强调如何满足客户的需求和解决客户的问题。通过清晰地介绍产品或服务的核心特点和优势，销售人员可以增强客户对产品或服务的认知和信心，促使他们做出购买决策。

销售人员还应该提供客户参考和支持。销售人员可以提供客户参考资料、行业报告、案例研究等，帮助客户更全面地了解产品或服务的价值和优势。销售人员还可以提供客户支持和服务，如售后服务、培训支持、技术支持等，帮助客户在使用产品或服务的过程中解决问题和困扰，增强客户对产品或服务的信心和满意度。销售人员应该使用简洁清晰的语言和演示工具。销售人员应该使用简洁清晰的语言，避免使用复杂的行业术语和术语缩写，以确保客户能够理解和接受所传达的信息。销售人员还可以使用图表、图片、演示文稿等演示工具，帮助客户更直观地了解产品或服务的价值和优势，提高客户对产品或服务的认知和信心。

（三）创造紧迫感

1. 提供限时优惠

销售人员可以在与客户沟通时提供限时优惠，如折扣、赠品或额外服务等。通过强调优惠仅在一定时间内有效，销售人员可以创造紧迫感，促使客户更快地做出购买决策。例如，"只有今天和明天，我们可以为您提供额外10%的折扣，这是我们年度促销活动的一部分。"

2. 强调限量供应

销售人员可以告知客户产品或服务的供应量有限，强调只有有限的库存可用。通过突出限量供应，激发客户的购买欲望，促使他们尽快下单。例如："我们只有100套限量版产品，现在已经售出80套了。如果您想要抓住这个机会，就要尽快行动。"

3. 提醒时间限制

销售人员可以在与客户沟通时提醒产品或服务的限制性时间，强调优惠或促销活动的截止日期。通过提醒时间限制，促使客户尽快做出购买决策。例如："这个促销活动只持续一周，所以如果您想要享受优惠，就要在本周内下单。"

4. 利用客户反馈和案例分享

销售人员可以与客户分享其他客户的反馈和成功案例，强调购买产品或服务的价值和效果，并提醒客户机会不可错过。通过分享客户反馈和案例，促使客户尽快做出购买决策。

二、销售沟通的技巧

（一）将良好的个人形象与产品形象相结合

在客户接触产品之前，他们首先会与销售人员进行交流，这时销售人员的形象就成为客户对产品的第一印象。因此，销售人员必须注重个人形象，以确保其与产品形象相辅相成，从而增加客户对产品的信任和认可。个人形象包括仪表、言谈举止和气质等方面。首先要注意的是穿着。穿着要符合社会主流的审美观念，这意味着避免穿过于休闲或运动的服装，而是选择一身得体的商务装束。男士可以遵循三色原则，即在服装中最多只出现三种颜色，以确保整体搭配的协调性。女士则可以选择淡妆，突出自然清新的形象，而不是过于浓重的妆容。此外，整洁的发型和干净的肌肤也是至关重要的，它们展现了细致的个人护理和注重细节的态度。除了外在形象，销售人员的言谈举止也至关重要。他们应该以自信、友好和专业的态度与客户交流。这包括良好的沟通技巧，如倾听、提问和表达观点的能力。在交流中，销售人员应该充分了解客户的需求和偏好，并以此为基础进行产品推介。在表达产品优势时，他们应该简洁明了地说明产品的特点和好处，同时能够回答客户可能提出的疑问和异议。通过与客户建立良好的沟通和信任关系，销售人员可以更有效地推介产品并促成销售。销售人员的气质和态度也会影响客户对产品的态度。积极乐观、诚信可靠的形象会增强客户对产品的信任感，从而提高销售成功的可能性。销售人员应该展现出对产品的热情和对客户的关注，同时保持耐心和礼貌，尊重客户的意见和决定。通过真诚的态度和专业的服务，销售人员可以树立良好的个人形象，与产品形象相互辉映，从而提升整体销售效果。

（二）创造无阻碍的沟通氛围

成功的沟通不仅需要合适的话题和方式，还需要一个让客户感到舒适、放松、有安全感和信任感的环境。在这方面，销售人员需要通过观察、了解和判断客户来精心经营。销售人员应该学会观察客户的言谈、举止、穿着、神态以及步伐等方面。这些细节可以帮助他们了解客户的兴趣点、购买能力、内心渴望和恐惧等信息。通过观察，销售人员可以初步判断客户的心理发展路径，从而更好地把握沟通的方向。

销售人员应该尝试与客户建立信任关系。一个让客户感到放松和安心的氛围是建立在信任的基础上的。为了建立信任，销售人员需要表现出真诚、诚信和专业的态度。他们应该尊重客户的意见和偏好，倾听客户的需求，并且以客户为中心，而不是单纯地关注自己的销售目标。通过与客户建立信任关系，销售人员可以创造一个让客户愿意停留和深入交流的沟通氛围。了解客户的兴趣点是创造无阻碍沟通氛围的关键。当客户提起某个话题时，如果他们表现出极大的兴趣和热情，那么这很可能就是他们的兴趣点。销售人员可以通过探索这些兴趣点来引导对话，从而增加客户的参与度和兴趣。在沟通过程中，销售人员还可以灵活调整自己的话题和方式，以确保与客户的沟通始终保持流畅和愉快。销售人员应该尽量创造一个舒适的沟通环境。这包括选择合适的地点和时间进行沟通，确保环境安静、整洁、舒适，避免干扰和打扰。销售人员还可以通过一些细节来增加沟通的舒适度，比如提供饮料、微笑、与客户建立眼神交流等。

（三）了解客户心理

1. 了解客户的购买目的

客户购买行为背后隐藏着他们内心深处的真实需求和动机，这些需求和动机往往反映在他们对产品或服务的欲望上。因此，销售人员需要通过沟通活动，准确地识别和把握客户内心的微妙变化，从而更好地理解他们的购买目的。销售人员应该通过倾听和观察客户的言行举止来了解他们的真实需求。在与客户交流时，销售人员应该注重倾听，积极询问并留意客户的言辞和表情变化。这些细微的信号往往能够暗示客户的需求和欲望。比如，当客户提及某个产品或服务时，他们可能会表现出兴奋或者期待的情绪，这可能暗示着他们对该产品或服务的需求或欲望。销售人员可以通过提问来深入了解客户的购买目的。通过巧妙提问，销售人员可以引导客户自我表达，从而更好地理解他们的需求和动机。例如，销售人员可以询问客户购买产品或服务的原因、使用场景以及期望达到的效果等，从而获取更多关于客户需求的信息。销售人员还可以通过观察客户的行为来了解他们的购买目的。客户的购买行为往往能够反映他们的需求和欲望。比如，当客户对某个产品或服务表现出持续的关注和询问时，这可能意味着他们对该产品或服务有着强烈的兴趣和需求。销售人员需要善于分析和总结客户的需求和欲望。通过对客户的言行举止进行分析和总结，销售人员可以更好地把握客户的购买动机，从而更好地进行销售推广活动。同时，销售人员还可以根据客户的需求和欲望，为其提供个性化的产品或服务建议，从而提高销售的成功率。

2. 了解客户的购买期望

客户基于自身的需求和期望来评估产品或服务的价值，如果产品或服务未能达到他们的期望，他们可能会选择寻找其他更符合期望的选项。因此，及时了解客户的购买期望，并采取相应的策略来满足这些期望，从而促成交易的达成。销售人员应该通过倾听和观察客户的言行举止来了解他们的购买期望。销售人员应该注意留意客户的表达方式和情绪变化。如果客户表现出对产品或服务的热情和期待，那么这很可能意味着他们对产品或服务有着高期望值。此时，销售人员可以通过提问进一步了解客户的期望，以便为他们提供更合适的产品或服务建议。销售人员可以通过展示产品或服务的优势和特点来超越客户的期望。在与客户沟通时，销售人员应该突出产品或服务的独特之处，以及与其他竞品相比的优势。通过展示产品或服务的高品质、高性能和高附加值，销售人员可以提升客户对产品或服务的期望值，从而增加他们的购买意愿。销售人员还可以通过传递积极的信息和情绪来激发客户的购买欲望。销售人员可以利用各种营销手段，如优惠促销、限时特价和赠品活动等，来向客户传递产品或服务的价值和吸引力。同时，销售人员还可以通过口头表达和非言语语言来传递积极的情绪和态度，让客户感受到产品或服务的特别之处，从而增强其购买欲望。销售人员需要及时回应客户的需求和反馈，以确保产品或服务能够满足客户的期望。一旦客户提出了问题或意见，销售人员应该积极地予以回应，并采取行动来解决问题，以确保客户对产品或服务的期望得到满足。通过及时回应客户的需求和反馈，销售人员可以增强客户对产品或服务的信任和满意度，从而促成交易的成功达成。

（四）倾听技巧

1. 准确理解客户表达的内容

不同客户的表达能力和习惯各不相同，有些客户可能表达得很清晰，而有些客户可能表达得比较含糊。因此，销售人员需要集中注意力，辨别客户表达的主要观点和无意中透露出的有价值信息，以便更好地满足客户的需求和期望。倾听是有效沟通的基础，销售人员应该全神贯注地倾听客户的言辞，不要中途打断或插话。通过倾听，销售人员可以更好地理解客户的需求和意图，从而更好地为他们提供解决方案。

销售人员需要善于观察客户的非言语语言。除了言辞，客户的表情、姿态、眼神等非言语语言也能够传达丰富的信息。销售人员应该留意客户的非言语表达，从中寻找线索，了解客户的情绪和态度，以便更好地回应客户的需求。销售人员还需要善于提问。通过提问，销售人员可以引导客户更清晰地表达自己的需求和期望。销售人员可以采用开放式问题和封闭式问题，以及反问和澄清问题等技巧，帮助客户表达得更加清晰和具体。销售人员需要注意客户可能会无意中透露出的有价值信息。有些客户可能会在不经意间提及一些关键信息或隐含的需求，这些信息对于销售人员来说是非常宝贵的。因此，销售人员需要敏锐地捕捉这些信息，并加以分析和利用。销售人员需要进行有效总结和确认。销售人员可以适时地对客户的观点和需求进行总结和确认，以确保自己正确理解了客户的意图，并为客户提供准确的解决方案。

2. 及时适当地对客户进行回应

当客户在表述过程中得到销售人员的恰当回应时，他们会感受到被重视和理解，从而在心理上产生愉悦和满足的感觉。这种感觉让客户觉得自己找到了一个可以信任的知音，因此他们更愿意与销售人员展开深入沟通，透露更多的信息，为交易行为的达成营造良好的氛围。及时适当地回应客户需要善用倾听技巧。在客户表述完毕后，销售人员可以通过简短回应，如"我明白了""谢谢您的分享"等，表达对客户的尊重和理解。

适时提供反馈和建议。在客户表达观点或需求后，销售人员可以给予适当的反馈和建议，以回应客户的表述。销售人员可以针对客户的需求提出合适的解决方案或建议，并解释其优势和特点，以便客户更好地理解和接受。同时，销售人员也可以通过反馈客户的表述内容，确认自己对客户需求的理解是否准确，从而确保双方之间的沟通顺畅。展现出真诚和关怀。客户在表达过程中，希望能够得到真诚回应和关怀，而不只是机械回答。销售人员可以通过语言和非语言方式，表达对客户的关心和重视，如微笑、眼神交流、体贴的言辞等。这种真诚和关怀会让客户感受到被重视和尊重，从而增强客户对销售人员的信任和好感。及时解决客户的问题和疑虑。如果客户在表述过程中提出了问题或疑虑，销售人员应该及时给予解答和解决方案，以消除客户的疑虑和顾虑。销售人员可以采取积极主动的态度，向客户提供必要的信息和支持，从而增强客户对产品或服务的信心和满意度。

3. 掌握交流的主动权

通过适当的提问和引导，销售人员可以主动掌握对话的节奏和方向，从客户口中获取所需信息，这样的沟通方式更加有效，更能够促成交易的成功。销售人员应该善于提问。通过提问，销售人员可以引导客户进行深入思考和表达，从而获取更多的信息。销售人员可以采用开放式问题，以及引导性的问题，从客户那里获取关键信息，并了解客户的需求和期望。同时，销售人员还可以通过反问和澄清问题，确保自己对客户需求的准确理解。

销售人员需要善于倾听。倾听是有效沟通的关键，通过倾听，销售人员可以更好地把握客户的情绪和态度，以及他们的主要关注点，从而更好地回应客户的需求。销售人员还应该善于观察客户的非言语语言。销售人员需要灵活应对客户的反馈和回答。在与客户交流的过程中，客户可能会提出问题或意见，销售人员应该积极回应，并及时给予解答。销售人员需要展现出专业和自信的形象。通过展现出专业和自信的形象，销售人员可以更好地掌握交流的主动权，引导客户进行深入沟通，从而更好地了解客户的需求和期望，提供更合适的解决方案，促成交易的成功达成。

（五）语言表达技巧

1. 声音动听，内容易懂

通过声音的悦耳动听和内容的生动吸引，销售人员可以增加对客户的影响力，提高沟通效果，从而更好地促成交易的达成。声音的表达要悦耳动听。销售人员的声音应该音量适中，语速适中，既不要太快以至于让客户难以跟上，也不要太慢以至于让客户感到无聊。同时，销售人员的声音要有抑扬顿挫，跌宕起伏的节奏，以吸引客户的注意力。销售人员还可以通过声音的变化和情感的表达，增加对客户的感染力，让客户更容易被说服和打动。内容的表达要易懂生动。销售人员的表达内容应该简洁明了，易于理解，避免使用过多的专业术语和复杂的句式。销售人员可以通过生动的比喻、形象描述和具体的案例，让客户更好地理解和接受自己的观点和建议。同时，销售人员还应该随时关注社会的发展进步，不断更新自己的表达内容，以保持与客户的沟通亲和力和时效性。销售人员的口头语言表达还应该具备一定的幽默感。幽默是一种很好的沟通工具，可以缓解紧张气氛，增加与客户的亲近感，提高客户对销售人员的好感度。销售人员可以通过适时的幽默和幽默的语言风格，让客户在沟通过程中感到愉快和放松，从而更容易接受自己的建议和推荐。销售人员需要反复练习口头语言表达的基本功。只有通过不断练习和实践，销售人员才能掌握声音的悦耳动听和内容的生动吸引的技巧。销售人员可以通过模拟销售场景、录音自我听评、参加口才培训等方式，不断提升自己的口头语言表达能力，从而更好地与客户沟通。

2. 说话得体有修养

销售人员在与客户的沟通中，应该体现出良好的风度和修养，以及高水平的学识和教养。通过展现出礼貌、品德和信任度，销售人员可以建立与客户之间的良好关系，为后续的沟通活动打下良好的基础，提高销售成功的可能性。销售人员应该展现出良好的礼貌和品德。销售人员应该尊重客户的意见和需求，不应该出言不逊或者以高姿态对待客户。销售人员应该遵循基本的礼仪规范，如礼貌称呼、微笑待人、注意礼节等，以展现出自己的品格和素质。

销售人员应该展现出高水平的学识和修养。销售人员应该具备丰富的产品知识和行业知识，以便能够向客户提供专业的咨询和建议。同时，销售人员还应该具备良好的教养和修养，以便能够与客户进行高水平的沟通和交流，建立起互相尊重的合作关系。销售人员应该展现出可信赖和靠谱的形象。客户往往更愿意与那些值得信赖和靠谱的人合作，因此销售人员应该通过自己的言行举止，展现出自己是一个值得信赖和靠谱的人。销售人员应该遵守承诺，以诚信为本，以行动证明自己的可信赖性，从而赢得客户的信任和尊重。销售人员应该展现出耐心和耐心。与客户的沟通可能会遇到各种挑战和困难，但销售人员应该保持耐心和耐心，积极解决问题，努力满足客户的需求。销售人员应该倾听客户的意见和建议，虚心接受客户的批评和指导，不断提高自己的专业水平和服务质量。

3. 恰如其分地认可

赞美和肯定不仅可以增强客户的幸福感和满足感，还可以增进与客户之间的亲近感和信任度。作为销售人员，具备敏锐的眼光和善于表达赞美的能力，可以帮助建立良好的关系。了解客户的优点和特点。销售人员应该认真观察和倾听客户，发现他们的优点和特点。这些优点可能体现在客户的言行举止中，如态度友好、诚实可信、决策果断等，也可能体现在客户的业务或生活中，如成功的经验、良好的口碑等。通过了解客户的优点和特点，销售人员可以更好地为客户提供个性化的服务和解决方案。

善于表达赞美和认可。一旦发现客户的优点和特点，销售人员应该及时表达赞美和认可。赞美和认可的表达应该真诚诚恳，不做作不浮夸，以免显得虚伪和不真诚。销售人员可以通过直接的赞美言辞，如"您的专业知识令人钦佩""您的决策果断而明智"等，或间接的肯定方式，如赞美客户的成功案例、团队合作精神等，表达对客户的认可和尊重。要注重赞美的方式和时机。赞美和认可的表达应该恰如其分，不要过于频繁或过于直接，以免给客户造成压力或尴尬。销售人员可以在适当的时机，如客户取得重大成就、做出正确的决策、展现出了良好的合作态度等情况下，表达赞美和认可，增强客户的自信心和满意度。要保持赞美的持续性。赞美和认可不应该只是一次性的行为，而应该是持续的、真诚的表达。销售人员可以通过定期的关怀和询问，表达对客户的关心和尊重，同时持续地发现和表达客户的优点和特点，巩固与客户之间的良好关系，促进长期的合作和发展。

（六）肢体语言

1. 微笑是最常用的表情

微笑是销售人员在与客户沟通中最常用的表情之一，因为它能够传递热情、信任和信心，同时让客户感受到尊重和重视。微笑不仅可以为沟通行为营造良好的氛围，还能激发客户更多的正向回应，促进交易的成功达成。微笑传递热情和信任。当销售人员微笑时，会向客户传达一种友好的态度和积极的心态。这种热情和信任能够让客户感受到销售人员的诚意和真诚，从而增加客户对销售人员的信任度。在建立了信任的基础上，客户更愿意与销售人员进行深入沟通，分享更多的信息，提出更多的需求，为交易的成功达成打下了良好的基础。

微笑展现尊重和重视。微笑不仅是一种友好的表达方式，也是一种尊重客户的行为。通过微笑，销售人员表达了对客户的尊重和重视，让客户感受到自己受到了重视。这种尊重和重视能够增强客户对销售人员的好感，提高客户对销售人员的信任度，从而为交易的成功达成奠定了基础。微笑营造良好的沟通氛围。微笑是一种积极向上的情绪表达，能够为沟通行为营造轻松愉快的氛围。在良好的沟通氛围中，销售人员可以更加轻松地了解客户的需求，提供更加个性化的解决方案，从而促进交易的成功达成。微笑激发客户的正向回应。微笑不仅可以让客户感受到销售人员的热情和信任，还能够激发客户更多的正向回应。当客户看到销售人员微笑时，会感受到一种愉悦和舒适，从而更愿意与销售人员合作，接受销售人员的建议和推荐。这种正向回应能够增加交易成功的可能性。

2. 合理的肢体动作

在销售沟通中，合理的肢体动作可以起到增强交流效果、提升说服力的作用。虽然肢体动作往往是在不经意间出现的，但对于敏感的沟通对象来说，它们所传递的信息却是异常重要的。下面探讨一些带有销售沟通技巧的合理肢体动作。眼神交流是肢体语言中非常重要的一部分。眼神交流能够传递出销售人员的自信和专业程度，同时也表现出对客户的尊重和重视。销售人员应该保持与客户的眼神交流，展现出真诚和诚意，从而增强客户对自己的信任和好感。可以适时地注视客户的眼睛，表现出专注和认真的态度，同时也要注意避免过于直视或者长时间的凝视，以免让客户感到不适。

手势的运用也是肢体语言中的重要组成部分。合理的手势能够增强语言的表达力，使交流更加生动和形象。销售人员可以通过手势来强调重点、引导客户注意力、展示产品特点等。例如，当销售人员介绍产品特点时，可以用手指或手掌做出相应的动作，使客户更加直观地理解产品的优势和功能。同时，销售人员还可以通过手势来展示自己的自信和决心，增强说服力和影响力。姿态和姿势也是肢体语言的重要组成部分。合理的姿态和姿势能够传递出销售人员的自信和专业程度，同时也会影响客户对销售人员的印象和态度。销售人员应该保持挺胸抬头、站姿稳健的姿态，展现出自己的自信和从容。同时，可以适时地调整姿势，以表现出自己的亲和力和友好态度。例如，当与客户交谈时，可以稍微倾身或者靠近客户，以展现出自己的关注和关心。微笑是肢体语言中最具有感染力的表达之一。微笑不仅可以传递出销售人员的友好和亲切，还能够增强客户的信任和好感。销售人员应该时刻保持微笑，表现出自己的热情和诚意，从而营造出良好的沟通氛围，促进交流的顺利进行。

3. 亲自为客户示范

销售人员亲自为客户示范产品的使用方法和性能特点，是一种非常有效的销售沟通技巧。通过现场演示，客户可以直观地了解产品的功能、优势和特点，从而更加深入地了解产品，并且在极短的时间内获得对产品的丰富、真实的感性信息。这种方式不仅可以增加客户对销售人员的好感，还能够激发客户对产品或服务的兴趣，为后续的销售工作打下良好的基础。了解客户需求和期待。在进行产品演示之前，销售人员应该充分了解客户的需求和期待，从而能够有针对性地进行演示。了解客户的需求可以帮助销售人员确定演示的重点和内容，以及演示的方式和方法，从而使演示更加具有针对性和实效性。

准备充分的演示材料和工具。销售人员应该准备充分的演示材料和工具，以便能够清晰地展示产品的使用方法和性能特点。演示材料可以包括产品样品、产品介绍、演示视频等，而演示工具可以包括演示台、投影仪、电脑等。准备充分的演示材料和工具可以使演示更加流畅和生动，从而增加客户的理解和接受程度。注重演示的细节和技巧。在进行产品演示时，销售人员应该注重演示的细节和技巧，以提高演示的效果和说服力。例如，销售人员可以通过简洁明了的语言和生动形象的比喻，向客户介绍产品的功能和优势；同时，销售人员还可以通过实际操作和案例分析，向客户展示产品的使用方法和性能特点。通过注重演示的细节和技巧，销售人员可以使演示更加生动和有说服力，从而增加客户的信任和好感。及时收集客户反馈并进行跟进。在进行产品演示之后，销售人员应该及时收集客户的反馈意见，并进行有效跟进工作。销售人员可以通过询问客户的意见和建议，了解客户对产品演示的评价和看法，从而及时调整和改进演示内容和方式。同时，销售人员还可以通过跟进工作，帮助客户解决问题和困惑，增强客户对产品或服务的信任和满意度，为后续的销售工作打下更加坚实的基础。

第三节　销售谈判的策略与技巧

一、销售谈判的策略

（一）掌握话语权

在销售谈判中，掌握话语权可以帮助销售人员引导对话的方向，控制谈判的节奏，并最终达成双方都满意的交易。然而，与此同时，销售人员也需要倾听客户的意见和建议，以建立良好的合作关系。了解客户需求和痛点。在进行销售谈判之前，销售人员应该充分了解客户的需求和痛点，从而能够有针对性地制订销售策略和谈判方案。了解客户需求和痛点可以帮助销售人员找到谈判的切入点和关键问题，从而能够更好地掌握话语权，引导对话的方向。

制订清晰的谈判目标和策略。销售人员应该制订清晰的谈判目标和策略，明确自己的底线和最低要求，以及客户的需求和期望。制订清晰的谈判目标和策略可以帮助销售人员有条不紊地进行谈判，避免在谈判过程中丢失话语权，从而确保谈判的顺利进行和成功达成。运用有效的沟通技巧和谈判技巧。在进行销售谈判时，销售人员应该运用各种有效的沟通技巧和谈判技巧，以增强自己的话语权和说服力。同时，销售人员还可以通过讲故事、提供案例等方式，增强自己的说服力，使客户更容易接受自己的提议和建议。保持自信和耐心。销售人员应该保持自信和耐心，不断提升自己的话语权和影响力。销售人员可以通过展现出自己的专业知识和经验，以及对客户的关注和理解，增强自己的话语权和信任度，从而更好地引导对话的方向。

（二）处理异议

处理客户可能提出的异议或反对意见是销售谈判中的常见挑战之一，但也是一个重要的机会，可以通过合理的解释和证据来消除客户的疑虑，增强其合作意愿。倾听并理解客户的异议。在客户提出异议或反对意见时，销售人员首先应该保持冷静，倾听客户的观点和意见，并理解客户的立场和关注点。销售人员可以通过提问和倾听，进一步了解客户的异议的具体内容和原因，从而更好地应对客户的反对意见。

提供合理的解释和证据。在理解了客户的异议之后，销售人员应该提供合理的解释和证据。销售人员可以通过解释产品或服务的优势和特点，以及提供相关的案例分析、客户见证和市场调研数据等证据，来支持自己的观点和建议，从而增强客户对产品或服务的信任和认可度。强调解决方案的价值和好处。在处理客户的异议时，销售人员应该重点强调解决方案的价值和好处，以吸引客户的注意力和兴趣。销售人员可以通过展示解决方案的核心功能和关键优势，以及提供相关的客户案例和成功故事，来向客户展示解决方案的实际效果和收益，从而增强客户对解决方案的认可和接受度。销售人员应该保持积极沟通和协商，与客户进行有效的对话和交流，共同寻找解决问题的最佳方案。销售人员可以通过提出合理的妥协和让步，以及与客户进行实时的反馈和沟通，来增强客户对解决方案的认可和接受度，最终达成双方都满意的交易。

二、销售谈判的技巧

（一）技巧一　商务谈判的语言技巧

通过出色地运用语言艺术，双方可以更有效沟通、理解彼此的需求和立场。针对性强。在商务谈判中，双方应该针对具体的问题和需求进行沟通和交流，避免泛泛而谈或离题讨论。销售人员可以通过提出具体的问题和建议，以及针对客户的需求和痛点进行解释和说明，从而增加谈判的针对性和实效性。例如，当客户提出异议或反对意见时，销售人员可以通过针对性解释和证据，消除客户的疑虑和顾虑，增强客户对产品或服务的信任和认可度。

表达方式要婉转。双方应该避免使用过于强硬或冲突的语言，而是采用婉转而有礼貌的表达方式，以增进谈判的氛围和合作关系。销售人员可以通过客观、委婉的表达方式，向客户介绍产品或服务的优势和特点，以及解决方案的价值和好处。双方应该灵活应变，根据谈判的具体情况和发展变化，调整自己的语言和策略，以达到最佳的谈判效果。销售人员可以根据客户的反应和回应，及时调整自己的表达方式和说服策略，以更好地满足客户的需求和期待，从而增强客户的认可和合作意愿。恰当地使用无声语言。除了语言表达外，无声语言也是非常重要的一部分。销售人员可以通过自己的肢体语言、表情和声音，向客户传递自己的态度和情感。例如，销售人员可以通过微笑、眼神交流和自信的姿态，表现出自己的热情和专业，从而增加客户对自己的信任和好感。

（二）技巧二　在谈判中旗开得胜

旗开得胜是一种重要的策略，它要求在谈判的早期阶段就确立有利的局势，以实现最终的成功。与下棋相似，谈判也需要在开局阶段占据有利的位置或战略性位置。开局为成功布局。在商务谈判的开局阶段，销售人员应该努力确立有利的谈判位置。这意味着销售人员应该在谈判之前做好充分准备，了解客户的需求和痛点以及选择合适的谈判场合。通过在开局阶段建立良好的谈判基础，销售人员可以更好地掌控谈判的节奏和方向，增加谈判的成功概率。

中局为保持优势。[①] 在商务谈判的中局阶段，销售人员应该努力保持自己的谈判优势，以确保谈判的顺利进行和最终的成功。通过在中局阶段保持谈判优势，销售人员可以更好地掌控谈判的进程和结果，从而实现最终的成功。终局为赢得忠诚。在商务谈判的终局阶段，销售人员应该努力赢得客户的信任和忠诚，以确保长期的合作关系和持续的业务增长。这意味着销售人员应该通过提供优质的产品和服务，解决客户的问题和需求，建立良好的信任和合作关系，从而赢得客户的忠诚和支持。通过在终局阶段赢得客户的忠诚，销售人员可以实现长期的合作关系和持续的业务增长。

---

① 汪阳洁，黄浩通，强宏杰，等. 交易成本、销售渠道选择与农产品电子商务发展 [J]. 经济研究，2022，57（08）：116-136.

（三）技巧三　销售谈判的主要原则

销售谈判的成功取决于一系列主要原则，这些原则不仅限于单一的问题，而是涉及多个方面，包括价格、质量、交货条件等。不要将谈判局限于单一问题。销售谈判往往涉及多个方面。因此，销售人员不应将谈判局限于单一问题，而是应该综合考虑各个方面的因素，以达成双方都满意的交易。在谈判过程中，销售人员可以通过提出多个问题，来寻找交换条件，从而实现公平交易的目标。

不要过于贪婪。过度贪婪往往会导致谈判的失败。销售人员应该明确自己的底线和最低要求，以避免过于贪婪，从而导致客户的不满和反感。销售人员可以适当留点好处给对方，让客户也有谈判赢了的感觉，从而增强双方的合作意愿和信任度。要注意买方的其他需求和关注点。买方的需求和关注点往往不仅限于价格，还包括产品或服务的质量、交货时间、售后服务等方面。因此，销售人员应该了解客户的整体需求和关注点，以便提供更全面、更能满足客户需求的解决方案。销售人员可以通过提供多种选择，满足客户的不同需求，从而增强客户的满意度和信任度。要寻求双赢的解决方案。双方都应该以寻求双赢的解决方案为目标，以实现长期的合作关系和共同发展。因此，销售人员应该积极倾听客户的需求和意见，尊重客户的立场和利益。销售人员可以通过灵活应变、寻求共同利益点，找到双方都可以接受的解决方案。

（四）技巧四　谈判行为中的真假识别

谈判行为涉及言语、行为和心理等多方面的交互，其中既包含真诚的合作，也可能存在假意的欺骗。真诚相待，假意逢迎。有些客户可能会表现出一副真诚的态度，但实际上可能是出于某种目的，例如获取更多的信息或占据谈判的主动权。销售人员应该警惕对方的表面行为，同时通过观察和分析客户的言谈举止，以判断对方是否真诚待人。例如，客户是否愿意分享自己的需求和意见，是否愿意与销售人员建立长期合作关系等。声东击西，示假隐真。有些客户可能会通过分散对方的注意力或掩饰自己的真实意图，来达到自己的目的。销售人员应该善于分辨客户的言谈举止是否一致，以及是否与实际情况相符。例如，客户是否频繁改变话题或提出无关的问题，是否言行不一致或矛盾，这可能表明对方并不真诚或有其他目的。有些客户可能会试图用各种手段来诱导销售人员透露更多的信息或做出不利于自己的承诺。销售人员应该保持警惕，不轻易被对方的诱导或陷阱所困扰，同时要善于抓住对方的漏洞或矛盾，以保护自己的利益和立场。例如，销售人员可以通过提出针对性的问题或提供有限的信息，来防范对方的诱导和陷阱，从而保护自己在谈判中的地位和利益。

（五）技巧五　谈判与交涉的艺术

①障碍之一：没有调控好自己的情绪和态度；②障碍之二：对对方抱着消极的感情，即不信、敌意；③障碍之三：自己"固守"，忽视交涉双方的共同需求；④障碍之四：出于面子的心理需要，对妥协和必要的让步进行抵抗；⑤障碍之五：把交涉和谈判看成一场"胜负"或"你死我活的战争"。5条心理学对策：第一，控制你自身的情绪和态度，不为对方偏激的情绪；第二，让交涉对方的情绪保持冷静，消除双方之间的不信任；第三，多与交涉对方寻找共同点；第四，在交涉、谈判过程中，让对方保住面子；第五，让交涉对方理解"相互协调，相互合作"。

（六）技巧六　双赢的谈判应符合什么标准

双赢的谈判应该符合一系列标准，这些标准不仅能够确保达成协议，还能保持谈判的高效性和关系的良好性。谈判要达成一个明智的协议。双赢的谈判应该旨在达成一个对双方都有利的协议，即使双方的利益可能存在一定程度的偏差，但最终的协议应该是基于客观、公正和合理的原则。销售人员应该以客户的利益为先，同时也要考虑到自身企业的利益，努力寻求双方都能接受的解决方案。例如，销售人员可以提供一些额外的价值或服务来满足客户的需求，从而使协议更具吸引力和可持续性。

谈判的方式必须有效率。时间往往是非常宝贵的资源，双方都希望尽快达成协议并继续前进。因此，谈判的方式应该高效，避免浪费时间和资源。销售人员可以通过提前准备、明确谈判目标、有效沟通等方式来提高谈判的效率。例如，销售人员可以事先了解客户的需求和偏好，提前准备好相关资料和方案，以便在谈判中快速响应和解决问题，从而节省时间和精力。谈判应该可以改进或至少不会伤害谈判各方的关系。建立良好的合作关系是至关重要的，因为这不仅影响到当前交易的成功与否，还可能影响到未来的业务机会和客户忠诚度。因此，双方在谈判过程中应该保持开放和诚实的态度，尊重对方的立场和意见，并愿意妥协和寻求共赢的解决方案。例如，销售人员可以在谈判中展现出灵活性和善意，愿意倾听客户的意见和反馈，并根据实际情况调整自己的方案和策略，以促进双方关系的良好发展。

（七）技巧七　成功商务谈判中的让步策略

1. 目标价值最大化原则

销售人员在商务谈判中应该始终牢记自己的最终目标，即最大化自身的利益。让步应该围绕着这个目标展开，即使在做出让步时也要确保自己不会损害到最终的利益。例如，销售人员可以在价格上做出一定的让步，但同时要确保产品或服务的价值得到充分体现，以确保最终的交易对自己有利。

2. 刚性原则

销售人员需要明确自己的底线和原则，以确保不会在关键问题上做出过多的让步。这种刚性原则可以帮助销售人员保护自己的利益，避免陷入不利的交易。例如，如果某个特定条件对于销售人员来说非常重要，那么他们可以在这个问题上保持坚定，不轻易做出让步。

3. 时机原则

销售人员需要在合适的时机做出让步，以最大程度地影响对方，并达到自己的目标。例如，销售人员可以选择在对方表现出特定需求或困难时做出让步，以此来促成交易的达成。

4. 清晰原则

让步应该是清晰、明确的，避免模糊不清或含糊其词。销售人员应该清楚地表达自己的让步意图，并确保对方能够清楚理解。这样可以有效地减少误解和歧义，促进谈判的顺利进行。

5. 弥补原则

销售人员可以通过适当的让步来弥补对方的需求或损失，从而达成双赢的局面。例如，如果客户对产品的某个特性非常重视，而销售人员可以在其他方面做出让步，以弥补这个方面的不足，从而达成协议。

第四节　销售技巧与沟通在实际销售中的应用

一、回应客户疑虑

（一）确认疑虑

1. 提问澄清

在确认客户的疑虑时，可以通过提问来澄清客户的意图和需求。针对客户提出的问题，可以逐一进行提问，确保自己对客户的问题有清晰理解。同时，通过提问还可以进一步挖掘客户的真实需求，从而更好地为客户提供解决方案。

2. 积极回应

对客户提出的问题和疑虑，销售人员要积极回应，表现出诚恳和负责的态度。客户提出的每一个问题都应该得到及时回应和解决，以显示出销售人员的专业素养和服务态度。在回应客户问题时，要简洁明了地表达自己的观点，避免过多的废话和不必要的解释。

3. 提供证据支持

为了消除客户的疑虑，销售人员可以提供相关的证据和案例支持。例如，可以提供产品的详细说明、客户的使用案例、用户的评价等，以证明产品或服务的可靠性和性能优势。通过提供充分的证据支持，可以增强客户对产品或服务的信心，进而促成销售。

（二）提供相关证据

1. 产品特点与优势的展示

销售人员应该清楚了解产品的特点与优势，并能够清晰地向客户展示。例如，如果是一款新型智能手机，销售人员可以介绍其独特的功能，如高清摄像、长续航电池等。结合相关证据，可以提供产品规格表、功能介绍、技术参数等资料，以便客户更直观地了解产品的特点和优势。同时，也可以提供第三方机构的测试报告或评价，证明产品性能的可靠性和优越性。

2. 质量保证与认证

如果产品通过了相关的质量认证或行业标准认证，销售人员可以向客户展示相应的认证证书或资质，以证明产品的质量和可靠性。可以提供产品质量报告、检测证明等相关资料，说明产品符合国家或行业标准，具有高品质的保证。

3. 行业认可与荣誉

如果产品曾获得行业内的认可和荣誉，如获得过奖项或被评为行业领先品牌，销售人员可以向客户展示相应的荣誉证书或奖项资料，以证明产品的市场地位和影响力。行业认可和荣誉可以作为产品优势的一个重要证据，有助于提升客户对产品的信心和信任度。

二、定价和谈判

（一）创造共赢解决方案

在商业世界中，追求共赢是一种普遍的战略方法，旨在确保双方在交易中都能获得实质性的利益。这种方法不仅体现了商业伦理的重要性，也是建立长期合作关系的基石。在谈判中，双方往往会追求最大化自身利益，但在追求共赢的框架下，双方必须充分理解对方的需求，并提出创造性的解决方案，以实现双赢局面。了解客户需求是实现共赢的关键。与客户进行深入沟通和分析，了解他们的需求、目标和挑战是至关重要的。只有通过对客户的深入了解，销售人员才能提出有针对性解决方案。提出创造性的解决方案是实现共赢的重要手段。销售人员应该充分发挥自己的创造力和专业知识，结合客户的需求，提出独特而具有竞争力的解决方案。这可能涉及产品定制、服务包装、价格优惠等方面的创新，以确保所提出的解决方案既能满足客户的需求，又能保障自身利益。

（二）把握时机

在谈判中，选择合适的时机提出价格和条件，可以极大地影响最终交易的结果。

过早或过晚暴露定价信息都可能导致交易失败，而在客户愿意达成协议的时候敏锐地抓住机会，则是实现共赢的关键。了解客户的购买心理和行为是把握时机的基础。每个客户在购买决策中的时间节点和心理状态都有所不同。有些客户可能在刚开始接触产品或服务时就对价格和条件产生兴趣，而另一些客户可能需要更多的时间来考虑和比较不同的选项。销售人员应该通过与客户的沟通和观察，了解客户的购买进程，以便在合适的时机提出价格和条件。把握好时机需要灵活应对不同的情况。在与客户的谈判中，可能会出现各种不同的情况和反应。有时候客户可能需要更多的时间来考虑和咨询其他利益相关者，这时候就需要销售人员灵活应对，选择合适的时机再次提出价格和条件。

第七章　销售数据分析与预测

第一节　销售数据的收集与整理

一、销售数据的收集

（一）销售记录

销售记录是企业经营中至关重要的一环，它记录了每一笔销售交易的详细信息，包括销售日期、销售金额、所售产品或提供的服务以及客户信息等。这些数据不仅是企业财务报表的基础，也是决策制订和业绩评估的重要依据。在当今数字化时代，销售数据的收集方式也在不断演变，从传统的纸质销售订单和收据到现代的销售系统和电子商务平台，不同的数据收集方式都具有其独特的优势和挑战。销售记录不仅可以用于跟踪销售业绩和分析销售趋势，还可以帮助企业了解客户需求、制订营销策略、优化库存管理和预测未来销售趋势。通过分析销售数据，企业可以发现最畅销的产品或服务、最有潜力的客户群体以及最有效的销售渠道，从而有针对性地调整经营策略，提升销售效率和盈利能力。

现代企业通常采用销售系统来记录销售数据。销售系统是一种集成了销售订单处理、库存管理、客户关系管理和财务结算等功能的软件平台，它可以帮助企业实时跟踪销售活动、管理客户信息、优化库存和财务流程。销售系统通常采用数据库来存储销售数据，通过数据分析和报表功能，企业可以快速了解销售业绩和客户行为，及时调整经营策略。电子商务平台是一种在线销售渠道，通过互联网和移动设备，企业可以直接向消费者销售产品或服务。电子商务平台不仅可以实现线上支付和订单处理，还可以通过数据分析和个性化推荐等功能，帮助企业更好地理解客户需求和行为，提升用户体验和销售效率。销售订单是客户下单购买产品或服务的书面记录，包括订单日期、产品信息、数量和价格等，而销售收据则是客户付款后的确认收据，包括销售日期、金额和付款方式等。虽然传统的销售订单和收据需要手工记录和整理，但它们仍然是一种简单有效的销售数据收集方式，尤其适用于小型企业和传统零售行业。

（二）产品和服务使用数据

通过产品使用统计工具或客户服务系统收集这些数据，企业可以更好地满足客户需求，提升产品或服务的质量和用户体验。随着科技的不断发展和用户体验的日益重要，了解产品或服务的实际使用情况变得至关重要。产品使用数据可以告诉企业哪些功能是用户最频繁使用的，哪些功能很少被使用，甚至是被忽视的。这些数据为产品团队提供了优化产品功能和用户界面的方向，帮助他们更好地满足用户需求。服务支持是影响用户满意度的重要指标之一。通过收集服务使用数据，企业可以了解客户在使用产品或服务时遇到的问题和需求，及时提供技术支持和解决方案。此外，服务使用数据还可以帮助企业优化客户服务流程，提升服务效率和质量，降低服务成本。

现代企业通常通过产品使用统计工具或客户服务系统来收集产品和服务使用数据。产品使用统计工具是一种专门用于跟踪产品使用情况和用户行为的软件平台，它可以收集用户在产品上的点击、浏览、操作等数据，并生成相应的报表和分析结果。通过产品使用统计工具，企业可以实时监控产品的使用情况，了解用户行为和偏好，及时调整产品功能和界面，提升用户体验和产品价值。客户服务系统也是收集服务使用数据的重要工具之一。客户服务系统是一种集成了客户关系管理、服务支持和问题解决等功能的软件平台，它可以帮助企业实时跟踪客户问题和需求，及时响应客户请求，并记录服务支持的过程和结果。通过客户服务系统，企业可以收集客户反馈和投诉，及时改进产品和服务，提升客户满意度和品牌声誉。用户调研是一种定性和定量相结合的方法，通过问卷调查、深度访谈等方式收集用户对产品或服务的评价和建议。用户调研可以帮助企业了解用户体验和满意度，发现产品或服务的优势和不足之处，从而及时调整产品策略和服务模式，提升用户体验和市场竞争力。

（三）销售预测

销售预测可以帮助企业合理规划生产、库存和营销策略，提前应对市场变化和需求波动，从而实现生产计划的精准化和供应链的优化。基于历史销售数据和市场趋势进行销售预测是一种常见的方法，通过数据分析工具和销售管理系统收集和分析销售数据，可以帮助企业更准确地预测未来销售额和需求趋势，从而实现更好的业务决策和资源配置。历史销售数据是进行销售预测的基础，它反映了过去一段时间内产品或服务的销售情况，包括销售额、销售渠道、销售地区、销售时间等信息。通过分析历史销售数据，企业可以发现销售的季节性变化、产品或服务的畅销时段、不同销售渠道的销售效率等规律，从而更好地理解市场需求和消费者行为，为未来销售预测提供参考依据。

利用数据分析工具进行销售预测是一种常见的方法。数据分析工具是一种用于收集、处理和分析大量数据的软件平台，它可以帮助企业快速准确地分析销售数据，发现隐藏在数据背后的规律和趋势，从而进行销售预测和业务决策。常用的数据分析工具包括微软的 Excel、IBM 的 SPSS、SAS 等，它们具有强大的数据处理和分析功能，可以帮助企业实现销售数据的可视化和智能化分析。销售管理系统也是收集销售数据和进行销售预测的重要工具之一。销售管理系统是一种集成了销售订单处理、客户关系管理、库存管理和报表分析等功能的软件平台，并通过数据分析和报表功能进行销售预测和业务决策。销售管理系统通常采用数据库来存储销售数据，通过数据挖掘和机器学习等技术，可以帮助企业发现销售规律和趋势，从而实现更精准的销售预测和业务优化。在进行销售预测时，除了历史销售数据，还需要考虑市场趋势和外部环境因素的影响。市场趋势包括行业发展趋势、竞争格局、消费者偏好等因素，它们对销售额和需求趋势都有一定的影响。[1] 企业可以通过市场调研、行业分析和竞争情报等方式收集市场信息，了解行业动态和竞争环境，从而更好地预测未来销售趋势和需求变化。

二、销售数据的整理

（一）数据清洗

1. 删除重复数据

重复数据可能会对数据分析和报告产生误导，因此需要将其及时删除。在处理销售数据时，常见的重复数据包括重复的订单记录、重复的客户信息等。通过数据处理

① 李会彦. 销售冠军是如何炼成的 [J]. 销售与市场（管理版），2020（06）：98-99.

软件或编程语言，可以轻松识别并删除这些重复数据，从而确保数据的唯一性和准确性。

2. 修正错误数据

错误数据可能包括不正确的销售金额、错误的产品信息、无效的客户信息等。通过数据验证和逻辑校验，可以识别并修正这些错误数据。例如，可以通过销售系统或财务系统进行金额验证，确保销售金额符合实际情况；可以通过产品编码或产品名称进行逻辑校验，确保产品信息的准确性和一致性。

3. 填补缺失数据

缺失数据可能会对数据分析和建模产生影响，因此需要采取适当的方法来填补缺失数据。常见的缺失数据包括缺失的销售日期、缺失的客户信息、缺失的产品信息等。可以通过插值法、均值法、回归法等方法来填补缺失数据，以确保数据的完整性和可用性。除了上述常见的数据清洗操作外，还可以进行数据格式化、数据标准化等操作，以提高数据的一致性和可读性。例如，可以将日期格式统一为特定的日期格式，将产品信息标准化为统一的产品编码或产品名称，以便于后续的数据分析和报告生成。在进行销售数据清洗时，还需要注意数据安全和隐私保护。特别是涉及客户信息和交易信息时，需要严格遵守相关的数据保护法规和政策，确保数据的安全性和保密性。

（二）数据标准化

数据标准化涉及统一数据的单位、格式和命名规范，以确保数据的一致性、可读性和比较性。数据标准化尤为重要，因为销售数据涉及不同的产品、客户和销售渠道，数据的标准化可以帮助企业更好地理解销售情况、进行业绩评估和制订销售策略。数据单位的标准化是数据标准化的重要环节之一。不同的销售数据可能采用不同的计量单位，例如销售金额可能采用美元、人民币、欧元等不同的货币单位，销售数量可能采用件、箱、千克等不同的计量单位。为了提高数据的比较性和分析效果，需要统一数据的计量单位。通常情况下，可以将所有的销售金额转换为统一的货币单位，例如美元或人民币；将所有的销售数量转换为统一的计量单位，例如件或千克。通过数据转换和计算，可以将销售数据统一标准化为统一的单位，从而方便后续的数据分析和报告生成。数据格式的标准化也是数据标准化的重要环节之一。不同的数据字段可能采用不同的格式，例如日期字段可能采用不同的日期格式、产品编码字段可能采用不同的编码规范等。为了提高数据的一致性和可读性，需要统一数据的格式规范。可以将日期字段统一格式为特定的日期格式，例如 YYYY-MM-DD；将产品编码字段统一规范为特定的编码规范，例如统一为数字编码或字母编码。通过数据格式化和转换，可以将销售数据统一标准化为统一的格式规范。

数据命名的标准化也是数据标准化的重要环节之一。不同的数据字段可能采用不同的命名规范，例如销售日期字段可能采用不同的命名方式、产品名称字段可能采用不同的命名方式等。需要统一数据的命名规范。可以采用简洁明了的命名方式，例如采用英文单词或缩写命名字段，避免使用复杂的缩写和非英文字符。通过数据命名的标准化，可以使销售数据的字段命名规范统一。除了上述常见的数据标准化操作外，还可以进行数据值的标准化，例如将销售数据进行归一化或标准化处理，以消除不同数据之间的量纲影响，提高数据的可比较性和分析效果。通过数据标准化，可以使销售数据更加规范、一致和可读，为后续的数据分析和业务决策提供可靠的数据支持。在进行销售数据标准化时，还需要考虑数据的安全性和隐私保护。

第二节　销售数据分析的方法与工具

一、销售数据分析的方法

（一）地区分析

地区分析旨在深入了解不同地区的销售情况，并从中发现销售差异以及潜在的市场机会。通过对各地销售数据的比较和分析，企业可以更好地制订地区性的销售策略，以实现销售目标并提升市场份额。在进行地区分析时，首先需要收集并整理各地区的销售数据。这些数据可以包括但不限于销售额、销售量、销售渠道、客户数量、产品偏好等信息。通过这些数据，我们可以对不同地区的销售情况有一个全面了解，并能够找出其中的规律和趋势。需要对销售数据进行比较和分析。我们可以将不同地区的销售数据进行横向对比，找出销售业绩较好和较差的地区，并对其进行深入分析。通过比较分析，我们可以发现不同地区之间的销售差异，找出导致这些差异的原因，并从中寻找到改进和优化的空间。除了比较不同地区的销售数据，还可以结合其他因素进行综合分析。比如，可以考虑各地区的人口结构、经济发展水平、竞争对手情况、市场需求特点等因素，以更全面的视角来理解销售情况。通过综合分析，我们可以更好地把握各地区的市场特点和潜在机会，为制订地区性的销售策略提供参考依据。在制订地区性销售策略时，需要根据不同地区的特点和需求来进行针对性调整和优化。比如，对于销售业绩较好的地区，可以进一步加大市场投入，提升品牌曝光度，加强与渠道商的合作，以保持和提升市场份额；而对于销售业绩较差的地区，则可以通过调整产品组合、改进营销策略、优化销售渠道等方式来提升销售业绩。除了针对性销售策略调整，还可以通过地区间的协同合作来实现销售的整体提升。比如，可以通过跨地区的营销活动、资源共享、经验交流等方式来促进各地区之间的合作与共赢，从而实现销售的协同增长。

（二）时序分析

通过对销售数据进行时序分析，可以识别出销售数据的周期性、季节性变化，以及长期趋势和突发事件对销售数据的影响，从而为企业制订更有效的销售策略提供数据支持。在进行时序分析时，需要收集并整理历史销售数据，这些数据通常包括销售额、销售量、订单数量等指标。随着时间的推移，这些数据将会形成一个时间序列，我们将通过对这个时间序列进行分析来揭示其中的规律和趋势。可以通过绘制折线图或趋势图来直观地展现销售数据随时间变化的趋势。折线图可以清晰地显示销售数据的波动情况，帮助我们发现数据中的周期性和季节性变化。通过观察折线图，我们可以识别出销售数据的周期性波动，比如每周、每月或每年的销售高峰和低谷，进而制订相应的销售策略。

同时，趋势图可以帮助我们分析销售数据的长期趋势。通过对销售数据的长期变化进行趋势线的拟合，我们可以了解销售数据的整体增长趋势或下降趋势，从而判断市场的发展趋势和企业的发展方向。如果趋势呈现出稳定增长或持续下降的趋势，那么企业就可以相应地调整销售策略。除了周期性、季节性和长期趋势，时序分析还可以帮助我们识别出销售数据中的异常波动，比如突发事件对销售数据的影响。通过观察销售数据的异常波动，我们可以分析其背后的原因，并及时采取相应的措施应对，以减少损失并最大程度地利用市场机会。这些方法可以帮助我们平滑销售数据中的波动，更准确地识别出数据中的趋势和周期性变化，从而更好地指导销售策略的制订和调整。

（三）比较分析

比较分析是一种重要的数据分析方法，通过将不同时间段、不同产品、不同地区或不同客户群体的销售数据进行比较和对比，以揭示销售数据之间的差异和变化趋势，从而发现潜在的增长点和改进空间。比较分析可以通过绘制柱状图、饼图等图表来直观地展现数据之间的比较结果，为企业制订更有效的销售策略提供数据支持。在进行比较分析时，我们需要选择合适的比较对象。比较对象可以是不同的时间段，比如不同季度、不同年份，以了解销售数据随时间的变化趋势；也可以是不同的产品，比如主打产品和次要产品，以了解各产品在市场上的销售表现；还可以是不同的地区或不同的客户群体，以了解不同地区或不同客户群体的需求特点和消费习惯。

可以通过绘制柱状图来进行比较分析。柱状图可以直观地展现不同销售数据之间的差异和变化趋势。比如，我们可以将不同时间段、不同产品或不同地区的销售额或销售量分别绘制在柱状图上，通过比较柱状图的高低和变化，可以清晰地发现数据之间的差异和趋势。也可以通过绘制饼图来进行比较分析。饼图可以直观地展现各个销售数据在整体中的占比情况，从而帮助我们了解各个销售数据的相对重要性和贡献度。比如，我们可以将不同产品在总销售额中的占比绘制在饼图上，通过比较不同产品的占比情况，可以了解各产品在市场上的地位和竞争力。除了柱状图和饼图，还可以利用其他图表和数据可视化工具进行比较分析，比如折线图、散点图、雷达图等。这些图表和工具都可以帮助我们更全面地理解销售数据之间的关系和变化趋势，为制订销售策略提供更准确的数据支持。需要注意选择合适的比较指标和比较方法，以确保分析结果的准确性和可靠性。同时，也需要结合实际情况和市场需求，灵活调整分析方法，以满足不同层次和不同角度的分析需求。

二、销售数据分析的工具

（一）Google Sheets

Google Sheets 是一款功能强大的在线电子表格工具，由 Google 提供，可以轻松地创建、编辑和共享电子表格。作为一种云端应用，Google Sheets 具有诸多优势，特别适用于收集、存储和分析销售数据，并且支持多用户协作和实时数据更新，为企业的销售数据分析提供了便利和灵活性。Google Sheets 具有用户友好的界面和操作方式，使得用户可以快速上手并灵活运用各种功能。无论是初学者还是专业人士，都可以通过简单拖曳、填写公式等方式创建自己需要的电子表格，并且可以根据需要进行自定义设置，满足不同的数据分析需求。Google Sheets 具有强大的数据处理和分析功能，可以支持各种复杂的数据操作和计算。用户可以利用各种内置函数和公式进行数据处理和分析，比如 SUM、AVERAGE、MAX、MIN 等函数，以及 VLOOKUP、IF、INDEX、MATCH 等公式，可以轻松地进行数据汇总、筛选、排序、计算等操作，从而深入分析销售数据，发现数据之间的关系和规律。Google Sheets 支持多种图表类型，包括折线图、柱状图、饼图、散点图等，用户可以根据需要选择合适的图表类型来可视化销售数据，直观地展现数据之间的关系和趋势。通过绘制图表，用户可以更加直观地了解销售数据的分布情况、变化趋势和异常波动，从而为制订销售策略提供数据支持。

Google Sheets 还支持多用户协作和实时数据更新，多个用户可以同时编辑同一个电子表格，并且可以实时看到其他用户的编辑内容，实现多人协同工作。这样一来，团队成员可以共同参与销售数据的收集、整理和分析工作，同时也能够及时更新数据，保持数据的准确性和实时性。除了以上基本功能外，Google Sheets 还可以与其他 Google 服务集成，比如 Google Drive、Google Forms 等，用户可以将数据从 Google Forms 直接导入到 Google Sheets 中进行分析，也可以将 Google Sheets 中的数据导出到 Google Drive 中进行备份和共享，实现数据的无缝连接和流动。

（二）Tableau

Tableau 是一款备受推崇的数据可视化工具，它能够将复杂的销售数据转化为生动、交互式的图表和仪表板，帮助用户更直观地理解数据，并发现隐藏在数据背后的模式和趋势。作为一种强大的数据分析工具，Tableau 为销售数据的分析提供了丰富的功能和灵活的操作方式，使得用户能够更加深入地理解销售数据，发现业务中的关键见解和机会。Tableau 具有直观、用户友好的界面和操作方式，使得用户可以轻松地导入、连接和处理销售数据。

Tableau 提供了丰富多样的图表类型和可视化效果，用户可以根据需要选择合适的图表类型来呈现销售数据，包括折线图、柱状图、饼图、地图、散点图等。通过这些图表，用户可以直观地了解销售数据的分布情况、变化趋势和关联关系，从而更加深入地理解数据，并且可以通过交互式的操作方式进行数据探索和发现，发现数据中的规律和趋势。Tableau 还支持创建交互式的仪表板，用户可以将多个图表和数据视图组合在一起，形成一个整体的数据分析环境。在仪表板中，用户可以通过交互式的控件和过滤器来对数据进行筛选和比较，实现数据的多维度分析和深入挖掘，从而更好地理解销售数据，并且可以通过仪表板实现数据的实时更新和分享，为团队成员和决策者提供及时、准确的数据支持。除了基本的数据可视化功能外，Tableau 还提供了高级的数据分析和预测功能，比如聚类分析、趋势分析、预测建模等。通过这些功能，用户可以对销售数据进行更深入挖掘和分析，发现数据中的潜在规律和趋势，为企业的决策和战略制订提供更精准的数据支持。

第三节　销售预测的原理与实践

一、销售预测的原理

（一）历史数据分析

历史数据分析是销售预测的基础，通过对过去销售数据的趋势、季节性变化、周期性波动等进行分析，可以揭示销售的规律和模式，为未来销售的预测和规划提供可靠的依据。在进行历史数据分析时，通常会结合一些统计方法和数学模型，如时间序列分析、趋势分析、季节性分解等，来深入挖掘数据背后的规律和趋势，为销售预测提供理论支持和方法指导。时间序列分析是历史数据分析的重要方法之一，它通过对销售数据随时间变化的趋势进行分析，来揭示销售数据中的长期趋势和周期性波动。在时间序列分析中，常用的方法包括移动平均法、指数平滑法、季节性分解法等。通过这些方法，可以平滑销售数据中的波动，找出数据中的趋势性变化，进而为未来销售的趋势进行预测和规划提供参考。趋势分析是一种常用的历史数据分析方法，它通过拟合趋势线来描述销售数据的长期变化趋势，从而揭示销售数据的增长或下降趋势。在趋势分析中，常用的拟合方法包括线性趋势拟合、指数趋势拟合、多项式趋势拟合等。可以更加准确地预测销售数据的长期趋势，为企业的长期规划和战略决策提供依据。

季节性分解是一种用于分析季节性变化的方法，它将销售数据分解为长期趋势、季节性变化和随机波动三个部分，从而揭示销售数据中的季节性规律和周期性波动。通过季节性分解，可以找出销售数据在不同季节和时间段的销售规律，为企业的季节性销售策略和促销活动提供指导。[①] 在进行历史数据分析的同时，也需要考虑到销售数据中可能存在的异常波动和特殊事件的影响。有时候，销售数据中的异常波动可能会对分析结果产生影响，因此需要进行数据清洗和异常检测，以保证分析结果的准确性和可靠性。同时，也需要考虑到一些特殊事件对销售数据的影响，比如促销活动、市场竞争、产品变动等因素，这些因素可能会对销售数据产生短期或长期的影响，需要进行相应的调整和分析。

（二）季节性调整

季节性调整是一种统计方法，旨在消除季节性因素对销售数据的影响，从而提高预测的准确性。季节性因素是指销售数据在特定时间段内呈现出周期性的变化模式，通常由于季节性活动、假期、气候等因素所致。通过季节性调整，可以将销售数据从季节性影响中解放出来，更准确地捕捉到销售的长期趋势和变化规律，为企业的销售预测提供更可靠的依据。季节性调整的原理基于对历史销售数据中季节性因素的分析和识别。通常，季节性因素会呈现出周期性的重复变化模式，比如每年的节假日促销、季节性需求波动等。通过对历史销售数据进行趋势分析和季节性分解，可以将销售数据分解为长期趋势、季节性变化和随机波动三个部分。然后，可以通过移动平均法、指数平滑法等方法对季节性因素进行消除或调整，从而得到季节性调整后的销售数据，使其更具有稳定性和可预测性。

在进行季节性调整时，可以采用不同的方法和技术，具体取决于数据的性质和需求的精度。常用的季节性调整方法包括移动平均法、X-12-ARIMA 方法、季节性指数

① 以退为进，销售谈判中的六个让步技巧 [J]. 北方牧业，2018（21）：32.

法等。这些方法都是基于对销售数据中季节性因素的识别和拟合，通过对季节性因素进行消除或调整，来实现销售数据的季节性平稳化，从而提高预测的准确性和可靠性。例如，移动平均法是一种常用的季节性调整方法，它通过计算销售数据在特定时间段内的移动平均值，来消除季节性因素对数据的影响。移动平均法可以平滑销售数据中的波动，使得数据更具有稳定性和可预测性。另外，X-12-ARIMA方法是一种基于时间序列分析的季节性调整方法，它通过建立ARIMA模型来分解销售数据中的季节性、趋势性和随机性成分，从而实现季节性调整和预测。需要考虑到数据的周期性和季节性变化的周期。不同的销售数据可能具有不同的季节性周期，比如日销售数据、周销售数据、月销售数据等。因此，需要根据数据的周期性和季节性变化的周期来选择合适的调整方法和技术，以确保调整后的数据能够更准确地反映销售的实际情况。

二、销售预测的实践

（一）建立预测模型

对预测结果进行解释和分析有助于理解预测模型中各个变量的作用和影响，发现潜在的销售趋势和驱动因素。在理解预测结果的基础上，企业可以制订相应的销售策略和决策，指导销售活动和生产计划，从而实现销售目标和提升业绩。对预测结果进行解释和分析需要从多个方面进行。需要分析预测模型的准确性和可靠性，比较预测结果与实际销售数据之间的差异和误差，评估模型的预测能力和稳定性。需要分析预测模型中各个变量的系数和影响程度，理解每个变量对销售数据的贡献度和影响程度，找出主要的驱动因素和关键变量。最后，需要分析预测结果的趋势和变化，发现销售数据中的规律和模式，为制订销售策略和决策提供依据。在实际的销售预测实践中，企业可以根据预测结果来制订相应的销售策略和决策。比如，如果预测结果显示销售额在未来几个月呈现出上升趋势，企业可以考虑增加市场推广活动、加大产品投放力度，以满足潜在的市场需求，提高销售额。如果预测结果显示某个产品或服务的需求量将会下降，企业可以考虑调整产品组合、降低库存水平，以降低成本和风险。

企业还可以根据预测结果来指导生产计划和供应链管理。比如，如果预测结果显示未来几个月的销售量将会增加，企业可以提前调整生产计划、增加生产能力，避免供应不足的情况发生。另外，如果预测结果显示某个产品的销售量将会下降，企业可以调整供应链管理策略，减少库存和采购成本，以降低经营风险。在实际销售预测实践中，还需要注意以下几点。需要及时更新销售数据和调整预测模型，以确保预测结果的准确性和实用性。需要考虑到外部因素对销售数据的影响，比如市场竞争、经济环境、政策法规等因素，及时调整销售策略和决策。需要与销售团队和其他部门进行有效沟通和协作，共同制订和实施销售策略，以实现销售目标和提升业绩。

（二）预测结果解释

对预测结果进行解释和分析这个过程不仅需要深入理解预测模型中各个变量的作用和影响，还需要发现潜在的销售趋势和驱动因素。对预测结果进行解释和分析需要考虑模型的准确性和可靠性。这包括对预测结果与实际销售数据的比较，评估预测误差和偏差，以确定预测模型的准确性水平。同时，还需要考虑模型中所使用的变量和参数的选择是否合理，以及模型对数据的拟合程度如何。

需要深入理解预测模型中各个变量的作用和影响。这包括识别哪些变量对销售预测起着关键作用，以及它们之间的相互关系。通过对变量的作用和影响进行分析，可以更好地理解销售数据背后的驱动因素和销售趋势。需要发现潜在的销售趋势和驱动因素。这包括识别销售数据中的长期趋势、季节性变化和周期性波动，以及分析这些趋势和变化背后的原因和驱动因素。通过发现潜在的销售趋势和驱动因素，可以为企业未来的销售策略和决策提供重要的参考。根据预测结果制订相应的销售策略和决策，指导企业的销售活动和生产计划。这包括根据预测结果调整产品组合、定价策略和促销活动；优化销售渠道和客户关系管理；调整生产计划和供应链管理，以确保产品的及时供应和库存管理。需要考虑到外部环境的变化和不确定性因素对销售预测的影响。这包括市场竞争、经济环境、政策法规等因素的影响，以及自然灾害、疫情等突发事件的影响。因此，在制订销售策略和决策时，需要及时调整和灵活应对，以适应不断变化的市场环境和需求。

第四节 销售数据分析与预测在决策中的应用

一、销售数据分析在决策中的应用

(一) 产品管理与优化

销售数据分析帮助企业全面了解产品的销售情况和表现，识别畅销产品和滞销产品，从而进行精准的产品管理和优化。通过对产品销售额、销售量、市场份额等数据的深入分析，企业能够清晰地了解产品的市场地位和竞争优势，并据此调整产品组合和定价策略，以提高产品的市场竞争力。销售数据分析能够帮助企业识别畅销产品和滞销产品。通过对历史销售数据的分析，企业可以发现哪些产品在特定时期内销售表现优异，成为畅销产品。这类产品通常具有很高的市场需求和消费者认可度，是企业利润的重要来源。因此，企业可以进一步加大对畅销产品的生产和营销投入，确保其在市场上的供应充足，从而巩固和扩大其市场份额。相反，滞销产品则是企业需要特别关注和处理的问题。滞销产品通常销售量较低，市场需求不足，长期积压不仅占用库存资源，还可能导致企业资金周转困难。通过分析滞销产品的销售数据，企业可以找出其滞销的原因，例如产品质量问题、市场定位不准确、定价策略不当等。针对这些问题，企业可以采取相应的措施，如改进产品质量、重新定位市场、调整价格等，来提高滞销产品的市场表现。销售数据分析可以帮助企业了解产品的市场地位和竞争优势。通过分析各类产品的销售额、销售量和市场份额，企业可以明确自身产品在市场中的位置，以及与竞争对手相比的优劣势。例如，如果某一产品的市场份额持续增长，说明该产品在市场上具有较强的竞争力，企业可以进一步加大对该产品的推广力度，争取更大的市场份额。而对于市场份额下降的产品，企业则需要分析原因，寻找改进的办法。

销售数据分析还可以为企业提供宝贵的市场信息，帮助企业制订科学的产品组合和定价策略。通过对不同产品销售表现的分析，企业可以发现哪些产品组合在市场上更受欢迎，哪些产品之间存在互补关系，哪些产品的销售季节性强等。基于这些信息，企业可以优化产品组合，合理配置资源，提升整体销售业绩。例如，某些产品在特定季节或节日期间销售旺盛，企业可以提前做好库存准备，增加该期间的营销投入，最大限度地提高销售额。而对于销售季节性不强的产品，企业则可以通过促销活动、打折等方式，刺激消费者购买，提高销售量。同时，企业还可以通过销售数据分析，找到产品之间的关联销售机会，例如捆绑销售、交叉促销等，进一步提升销售收入。定价策略是影响产品销售的重要因素之一。通过销售数据分析，企业可以了解不同价格区间对销售量的影响，从而制订科学的定价策略。例如，如果某一产品在降低价格后销量大幅提升，企业可以考虑采用薄利多销的策略，通过提高销售量来增加总收入。相反，如果某一高端产品的销售量对价格不敏感，企业则可以适当提高价格，增加利润空间。销售数据分析还可以帮助企业发现市场价格波动的趋势和规律，保持产品在市场上的竞争力。

（二）销售绩效评估

企业可以全面了解销售团队的业绩表现和销售效率，发现业绩不佳的原因并制订改进措施。这种评估不仅能确保企业资源的有效利用，还能为未来的销售策略提供数据支持。通过分析销售额、销售成本、销售渠道等数据，企业可以精确评估销售团队的表现和销售活动的效果，从而为业绩提升提供参考和指导。销售数据分析可以帮助企业全面评估销售团队的业绩表现。销售额是最直观的指标之一，通过分析每个销售人员或销售团队的销售额，可以清晰地看到他们的业绩表现。企业可以将实际销售额与目标销售额进行对比，评估销售团队的达成率和执行力。对于那些销售额显著高于目标的团队或个人，企业可以分析其成功的关键因素，例如有效的销售策略、良好的客户关系管理等，从而在整个团队中推广这些成功经验。销售成本是评估销售效率的重要指标。通过分析每个销售团队或销售人员的销售成本，企业可以评估他们的成本控制能力。销售成本包括人员工资、差旅费用、市场推广费用等。通过计算每单位销售额的成本，企业可以了解不同销售人员或团队的投入产出比。如果某个销售团队的成本过高且销售额未达到预期，企业需要深入分析原因，可能是由于资源分配不合理、市场策略不当或是销售技巧欠佳等。企业可以采取相应的改进措施，例如优化资源配置、调整市场策略或加强销售培训。销售渠道的分析也是评估销售绩效的重要方面。不同的销售渠道可能带来不同的销售效果和成本。例如，线上销售渠道可能覆盖范围广，但竞争激烈，而线下销售渠道可能更具针对性，但成本较高。通过对各个销售渠道的分析，企业可以评估不同渠道的销售表现和成本效益。这样，企业可以优化渠道组合，选择最有效的销售渠道，提高整体销售效率和业绩。

在销售数据分析的基础上，企业还可以发现业绩不佳的原因并制订改进措施。通过详细的销售数据分析，企业可以发现哪些销售人员或团队的业绩未达预期，进而深入分析其背后的原因。例如，某些销售人员可能缺乏必要的销售技能，导致业绩不佳。企业可以通过培训提升他们的专业知识和销售技巧，帮助他们更好地完成销售任务。另外，企业还可以通过分析客户反馈，发现产品或服务的问题，及时进行改进，进而促进销售业绩的提升。除了发现问题并改进，销售数据分析还可以为企业制订未来的销售策略提供重要的参考和指导。企业可以预测未来的销售趋势，制订合理的销售目标和计划。例如，通过分析季节性销售数据，企业可以预测某些产品在特定季节的销售高峰期，从而提前做好库存和市场推广准备。企业还可以优化产品组合，推出更多符合市场需求的新产品，进一步提升销售业绩。销售数据分析不仅是评估销售绩效的工具，更是企业制订科学决策的重要依据。通过对销售额、销售成本、销售渠道等数据的全面分析，企业可以清晰地了解销售团队的表现和销售活动的效果，发现业绩不佳的原因并制订针对性改进措施。这样，企业不仅可以提高销售团队的效率和业绩，还可以优化资源配置，提高整体经营效益。

二、销售数据预测在决策中的应用

（一）生产计划与库存管理

通过对销售数据的深入分析和预测，企业可以更准确地预测未来的产品需求量，从而制订相应的生产计划和库存管理策略。这种预测不仅可以帮助企业避免因库存过剩或不足而造成的损失，还可以提高生产效率和资金利用率，促进企业的可持续发展。销售数据预测可以帮助企业准确预测未来的产品需求量。通过对历史销售数据的分析和趋势预测，企业可以了解产品销售量的波动规律和季节性变化，进而预测未来的销售趋势。例如，某些产品可能在特定季节或节假日时销售量会增加，而在其他时间则相对较低。基于这些预测结果，企业可以合理估计未来的产品需求量，为生产计划和库存管理提供重要参考。销售数据预测可以帮助企业合理安排生产计划。根据销售数据预测的结果，企业可以确定未来一段时间内需要生产的产品数量和种类，以及生产的时间节点和周期。通过合理安排生产计划，企业可以避免因生产过量或不足而造成的资源浪费和损失。例如，如果销售数据预测显示某一产品在未来季节性销售期间销售量将大幅增加，企业可以提前安排生产计划，确保在销售高峰期前完成生产。

与此同时，销售数据预测还可以帮助企业优化生产计划，提高生产效率。通过分析销售数据预测的结果，企业可以了解不同产品的销售量和销售趋势，进而调整生产计划中各个产品的生产比例和数量。例如，如果销售数据预测显示某一产品在未来将成为畅销产品，企业可以相应地增加该产品的生产比例和数量。相反，对于销售量较低的产品，企业可以适当减少其生产数量，避免资源浪费和库存积压。除了生产计划，销售数据预测还可以帮助企业优化库存管理策略。通过销售数据预测的结果，企业可以更准确地预测未来产品的需求量和销售周期，进而调整库存水平和库存周转率。例如，如果销售数据预测显示某一产品在未来将有大量销售，企业可以提前提高该产品的库存水平，以确保在销售高峰期能够及时满足客户需求。相反，企业可以适当减少其库存水平，降低库存成本和风险。销售数据预测还可以帮助企业优化供应链管理，确保生产和供应的顺畅。通过对销售数据预测结果的分析，企业可以及时调整供应链中各个环节的生产和供应计划。例如，如果销售数据预测显示某一产品将出现销售高峰期，企业可以提前与供应商沟通，确保原材料和零部件的及时供应，以避免因供应不足而影响生产计划和产品交付。

（二）人力资源规划

销售数据预测可以帮助企业合理安排销售团队的人员编制和工作任务，从而提高销售团队的工作效率和业绩水平。通过对未来销售情况的预测，企业可以确定所需的销售人员数量和分布，制订培训计划和绩效考核标准，从而确保销售团队具备足够的人力资源，并能够有效地应对市场挑战。销售数据预测可以帮助企业确定所需的销售人员数量和分布。企业可以了解不同产品或市场区域的销售趋势和需求量，从而预测未来的销售工作量和人力需求。例如，企业可能需要增加相应的销售人员来应对市场需求。相反，对于销售量较低或市场需求不稳定的产品，企业可以适当减少销售人员数量，以节省成本并提高资源利用效率。此外，销售数据预测还可以帮助企业确定销售人员的分布和布局，例如确定销售团队在不同地区或渠道的分布，以便更好地覆盖市场和满足客户需求。

销售数据预测可以为企业制订培训计划提供重要参考。销售团队的工作效率和业绩水平往往取决于其专业知识和销售技能。企业可以了解销售团队在不同产品或市场区域的销售表现，从而确定不同销售人员的培训需求。例如，企业可以提前为销售团队开展相关产品知识和销售技巧的培训，以提高销售团队的专业水平和工作效率。另外，销售数据预测还可以帮助企业识别销售团队中存在的业绩差距，进而有针对性地开展个性化培训，帮助每个销售人员发挥潜力，提高绩效水平。除了培训计划，销售数据预测还可以为企业制订绩效考核标准提供重要参考。销售团队的绩效考核标准通常基于其实际销售业绩和目标完成情况。企业可以制订合理的销售目标和绩效考核指标，以激励销售团队积极工作并提高业绩水平。例如，针对销售数据预测中的畅销产品或市场区域，企业可以设定相应的销售目标和奖励机制，鼓励销售团队积极开拓市场，提高销售量和业绩水平。另外，企业还可以及时调整绩效考核标准，以适应市场变化和业务需求，确保销售团队的绩效考核具有及时性和有效性。

第八章　销售管理中的问题与挑战

第一节　销售管理中常见的问题与困难

一、销售管理中常见的问题

（一）销售流程不畅

销售流程的顺畅程度直接影响着企业的销售绩效和客户满意度。然而，许多企业常常面临销售流程不畅的问题，其中包括烦琐的步骤和沟通不畅。这些问题可能导致销售周期延长，订单流失，甚至影响客户对企业的整体印象。在某些企业中，销售流程可能设计得过于复杂，包含大量的审批步骤、文件签署和内部审查。这些烦琐的步骤会使销售团队花费大量时间和精力在非核心任务上，从而降低他们的销售产出。此外，过多的步骤也会增加销售周期，延迟订单的签订和交付，给客户留下不良印象，甚至导致订单流失。沟通不畅也是销售流程不畅的一个常见问题。销售过程涉及多个部门和人员之间的协作，如果沟通不及时、不清晰或不准确，就会导致信息传递不畅、决策延迟，从而影响销售进展。例如，如果销售团队无法及时获取产品或服务的最新信息，就无法有效地向客户传递价值主张，导致销售机会的流失。另外，如果销售团队和其他部门之间缺乏有效的沟通渠道，就可能导致客户需求无法得到及时满足，从而影响客户满意度。例如，如果销售团队无法快速获得管理层的批准或支持，就无法及时响应客户需求，导致销售周期延长。此外，如果销售团队和其他部门之间存在协调不足或合作不畅，就可能导致信息不对称、决策偏差，影响销售效率和客户体验。

如何解决销售流程不畅的问题呢？企业需要重新审视和简化销售流程。通过简化流程、减少繁琐步骤，可以提高销售团队的工作效率，缩短销售周期，提高订单签订率。企业需要投资于销售技术和工具，以提高销售团队的沟通效率和信息获取能力。例如，可以使用销售自动化软件和协作平台，帮助销售团队更好地管理销售流程、跟进销售机会，并与其他部门进行协作。企业还应该加强销售团队的培训和教育，提高他们的沟通能力和问题解决能力，以应对复杂的销售环境。企业还可以采取措施促进跨部门合作和信息共享。建立跨部门沟通渠道和协作机制，可以确保销售团队及时获取其他部门的支持和资源。定期组织跨部门会议和项目评审，可以促进信息共享、问题协调，提高销售团队和其他部门之间的合作效率。

（二）客户管理不善

客户管理涵盖了对客户需求和反馈的及时响应，以及与客户建立良好关系的能力。然而，许多企业常常面临着客户管理不善的问题，这可能导致客户流失或不满。客户期望得到快速响应和解决方案。如果企业不能及时回复客户的邮件、电话或在线消息，客户就会感到被忽视，进而转向竞争对手。此外，即使企业回复了客户的需求，但如果解决方案不能满足客户的期望，也会导致客户不满，从而影响客户关系的稳固。客户关系管理不够密切也是一个常见问题。建立紧密的客户关系是保持客户忠诚度的关键。然而，许多企业过于依赖自动化系统，而忽视了与客户的真实互动。这种机械式的关系建立往往难以建立情感连接，无法真正理解客户的需求和期望。缺乏个性化和定制化的关怀会让客户感到冷漠，最终选择离开。例如，如果销售团队没有准确了解客户的需求，他们就无法提供符合客户期望的产品或服务。这可能导致销售额下降，因为客户转向满足其需求的竞争对手。此外，销售团队的目标设定和绩效评估可能过于依赖短期销售数据，而忽视了客户关系的长期价值。如果销售团队只注重完成交易，而不是建立稳固的客户关系，那么客户流失的风险将会增加。

如何解决客户管理不善的问题呢？企业需要建立一个完善的客户管理体系。这包括投资于客户关系管理（CRM）系统，以帮助跟踪客户的需求、反馈和交流记录。CRM系统可以提醒销售团队及时回复客户，并提供客户历史记录，提供个性化服务。企业需要加强销售团队的培训和教育，使其能够更好地理解客户需求，并学会建立良好的客户关系。销售团队应该被教导如何与客户建立信任和共鸣，而不仅仅是完成交易。企业还应该采取措施鼓励跨部门合作。销售团队和客户服务团队之间的有效沟通和合作可以确保客户的需求得到及时满足，并提高客户满意度。企业可以通过定期客户调查和反馈机制来收集客户意见，及时调整产品和服务。

二、销售管理中常见的困难

（一）销售团队士气低落

销售工作本身就是一项具有挑战性的工作，销售人员需要面对拒绝、压力和竞争等各种困难，这些因素往往会影响到他们的情绪和士气。因此，有效地激励和支持销售团队成员，提升他们的士气和工作动力，是销售管理者需要着重考虑和解决的问题之一。销售人员常常面临拒绝和挫折。无论是在开发新客户、谈判销售条件还是处理客户投诉时，都可能会遭遇到客户的拒绝。长期以来的拒绝可能会降低销售人员的自信心和士气，影响他们的工作积极性。此外，销售人员还要面对销售目标的压力，如果未能达成目标，可能会受到公司或团队的批评和惩罚，进而加剧士气低落的问题。销售人员在工作中可能会感到孤立和压力。由于销售工作的特殊性，销售人员往往需要独自面对客户，与客户进行一对一的沟通和谈判，这可能导致他们感到孤立和压力倍增。特别是在面对困难客户或复杂销售情况时，销售人员可能会感到无助和焦虑，从而影响其工作表现和士气。除了以上因素外，销售人员还可能面临着来自同事和上级的竞争和压力。在某些销售团队中，存在着内部竞争和排名制度，销售人员之间互相竞争，争取更多的销售业绩和奖励。这种竞争可能会加剧销售人员之间的紧张关系，降低团队合作和凝聚力，进而影响整个团队的士气和工作效率。

销售管理者可以通过设定合理的销售目标和奖励机制来激励销售人员，鼓励他们积极努力工作。同时，销售管理者还应该给予销售人员足够的支持和培训，提升他们的销售技巧和业务水平，增强其应对挑战的能力。销售管理者可以通过建立良好的团队氛围和沟通机制来减轻销售人员的孤立感和压力。销售团队应该是一个互相支持、合作共赢的团队，销售管理者可以组织团队活动、定期召开团队会议，增强团队凝聚力和归属感，帮助销售人员克服工作中的挑战和困难。销售管理者还应该重视销售人员的心理健康和工作生活平衡。销售工作的高压环境往往会对销售人员的心理造成负面影响，销售管理者可以提供心理咨询服务、开展员工关怀活动等，帮助销售人员调整心态，保持工作的积极性和健康状态。

（二）变化管理

对于销售管理而言，灵活性和适应能力是至关重要的，因为市场的变化往往会影响销售策略和团队的执行。市场需求、竞争格局、消费者偏好等因素都在不断变化，这就要求销售团队及时调整策略，以适应市场变化。例如，某种产品可能在某一季节或某一地区畅销，但在另一季节或另一地区可能需求下降，这就需要销售团队及时调整销售策略。

内外部环境的变化也会对销售管理产生影响。外部环境因素如政策法规变化、经济形势波动、自然灾害等都可能影响企业的销售业绩；而内部环境因素如组织结构调整、人员变动、产品创新等也会对销售管理带来挑战。例如，组织结构调整可能导致销售团队重新配置，需要重新培训或调整销售流程；产品创新可能需要销售团队学习新产品知识，并调整销售策略以推动新产品的销售。销售管理中常见的困难还包括销售目标的设定与达成、销售人员的激励与管理、销售渠道的优化与拓展等。设定合适的销售目标并实现其达成是销售管理的核心任务之一，但在实际操作中往往面临诸多挑战，如目标设定过高或过低、目标与实际市场需求不匹配等。销售人员的激励与管理也是一个复杂的问题，需要综合考虑个体激励与团队激励、经济激励与非经济激励等因素，以激发销售团队的积极性和创造力。此外，随着市场竞争的加剧，销售渠道的优化与拓展也变得越来越重要，需要不断调整和优化销售渠道，以确保产品能够顺利地触达消费者。

第二节　销售管理中的风险与挑战

一、销售管理中的风险

（一）产品风险

产品风险在销售管理中是一个不可忽视的问题，因为产品的质量问题和市场适应性不足可能会直接影响销售业绩。产品质量问题是导致销售业绩受损的主要原因之一。如果产品存在质量问题，不仅会影响到客户的购买体验和满意度，还可能导致客户投诉和退货，进而影响销售业绩。例如，如果某家电产品存在设计缺陷导致频繁故障，消费者可能会对该品牌失去信任，选择购买其他品牌的产品，从而导致销售业绩下滑。产品的市场适应性不足也是一个重要的风险因素。市场需求是一个动态变化的过程，如果产品不能及时调整以满足市场需求，就可能会失去竞争优势，导致销售业绩受损。例如，某种时尚产品在一段时间内可能非常畅销，但随着时尚潮流的变化，产品的市场需求可能会迅速下降，销售业绩也会相应受到影响。除了以上两个方面外，销售管理中还存在其他一些风险因素，可能会对销售业绩产生不利影响。首先是市场竞争风险。企业面临着来自同行业竞争者的压力，如果企业不能有效地应对竞争，就可能会失去市场份额，销售业绩受损。其次是供应链风险。如果企业的供应链出现问题，如原材料供应不足、生产环节出现故障等，就会影响到产品的供应和交付，从而影响销售业绩。再次是市场风险。① 市场的不确定性因素如经济形势波动、政策法规变化、自然灾害等都可能对销售业绩产生影响，销售管理者需要及时调整销售策略，以应对市场变化。

销售管理者需要加强对产品质量的监控和管理，确保产品符合客户的期望和要求。这包括对产品设计、生产过程和售后服务等方面进行全面的管理和控制，以提升产品质量和客户满意度。其次，销售管理者需要密切关注市场动态，及时调整产品和销售策略，提高产品的市场适应性和竞争力。此外，销售管理者还需要建立健全的风险管理体系，对市场、供应链和竞争等方面的风险进行全面评估和控制，降低风险对销售业绩的影响。

（二）人才风险

销售团队的人员流动和人才素质不足等因素可能对销售业绩产生深远的影响。这些风险需要被认真对待，并采取有效的措施来降低其对业绩的不利影响。销售团队人员流动是一个常见的人才风险因素。销售人员的频繁流动可能会导致销售团队的稳定性受到影响，进而影响销售业绩的稳定性和持续性。人员流动不仅会造成销售业务的不连续性，还会增加企业在招聘、培训和适应新员工方面的成本。此外，新员工需要

---

① 销售谈判中的"让步"技巧 [J]. 北方牧业，2015（09）：33.

一定的时间来适应新的工作环境和销售流程，这可能会导致业绩暂时性下降。因此，企业需要通过提升员工福利待遇、建立良好的企业文化、提供良好的职业发展路径等方式，来留住优秀的销售人才，减少人员流动对销售业绩的负面影响。人才素质不足也是一个重要的人才风险因素。销售团队中如果存在人才素质不足的情况，将直接影响到销售团队的整体业绩水平。人才素质不足可能表现为销售人员的销售技巧不够熟练、沟通能力不足、对产品了解不深等问题，这些都会影响到销售过程中的成交率和客户满意度。为了应对这一风险，企业可以通过加强销售人员的培训和技能提升，定期组织销售技巧培训、产品知识培训等活动，以提升销售团队整体的素质水平。此外，企业还可以通过激励机制来吸引和留住优秀的销售人才，进一步提升销售团队的整体素质。

（三）品牌声誉风险

不当的营销活动、产品质量问题等因素可能会对品牌声誉造成负面影响，进而影响销售业绩的稳定性和发展。不当的营销活动可能会对品牌声誉造成损害。营销活动是企业推广产品和品牌形象的重要手段，然而，如果营销活动设计不当、信息误导性太强或者违背了消费者的利益，就可能引发消费者的不满和投诉，进而损害品牌声誉。例如，夸大产品功能、虚假宣传、不当的价格策略等都可能对品牌形象造成伤害。因此，在进行营销活动时，企业必须遵循诚实守信的原则，确保所传递的信息真实准确，同时要充分考虑消费者的利益和需求，以建立长期稳固的品牌声誉。

产品质量问题也是一个可能损害品牌声誉的重要因素。产品质量是企业赢得消费者信任的基础，一旦出现产品质量问题，就会严重损害品牌声誉，导致消费者对企业失去信心。产品质量问题可能表现为产品性能不达标、存在安全隐患、售后服务不到位等方面，这些问题都会对品牌形象产生负面影响。因此，企业在销售管理中必须严把产品质量关，加强质量管理，确保产品符合相关标准和质量要求，同时建立健全的售后服务体系，及时解决消费者的投诉和问题，以保护和提升品牌声誉。除了品牌声誉风险外，销售管理中还存在其他一些可能影响销售业绩的风险因素。例如，市场竞争激烈、渠道管理不善、供应链风险等都可能对销售业绩产生不利影响。为了降低这些风险带来的影响，企业需要加强市场分析和竞争对手的监测，提升产品的竞争力；同时，还需要加强对销售渠道的管理和优化，确保销售渠道畅通、高效，提高销售的覆盖范围和效率，以促进销售业绩的持续增长。

二、销售管理中的挑战

（一）价格压力和利润下降

在面临价格竞争和利润下降的压力时，企业需要寻找降低成本和提高效率的方法，以保持竞争力并确保业绩的持续增长。价格竞争的压力可能会对企业的销售业绩产生直接影响。企业可能会被迫降低产品价格以吸引消费者，这可能会导致销售额的增长，但同时也会对企业的利润率造成负面影响。因此，企业需要制订合理的价格策略，平衡市场需求和利润之间的关系。通过深入了解市场需求和竞争对手的定价策略，精准定位目标消费群体，提供具有竞争力的产品和服务，以实现价格和价值的最佳匹配，从而在价格竞争中取得优势。

利润下降可能会对企业的长期发展造成不利影响。当企业面临价格竞争和成本上涨的压力时，利润空间可能会受到挤压，这会限制企业用于研发、市场推广、人才培养等方面的投入，影响企业的创新能力和竞争力。为了应对利润下降的挑战，企业需要采取有效的措施来降低成本和提高效率。这包括优化生产流程，降低生产成本；加强供应链管理，寻找优质、稳定的供应商，降低采购成本；优化销售渠道，降低销售成本等。通过降低成本和提高效率，企业可以有效应对价格竞争和利润下降的压力，确保业绩的稳健增长。除了价格压力和利润下降外，销售管理中还存在其他一些挑战。例如，市场需求的不确定性、销售团队的管理和培训、产品创新和品牌建设等都可能对销售业绩产生影响。为了应对这些挑战，企业需要加强市场调研，了解市场需求和竞争环境的变化；加强对销售团队的管理和培训，提升销售团队的专业素养和执行能力；不断推进产品创新和品牌建设，提升产品的附加值和品牌的影响力。

（二）客户需求多样化

客户需求的多样化是当今市场环境中的一个显著特征，对于企业的销售管理来说，这意味着必须不断适应和满足不同客户群体的个性化需求。在面对客户需求多样化的挑战时，企业需要灵活调整产品和服务，以确保能够满足客户的需求，促进销售业绩的增长。了解客户需求的多样性是有效应对这一挑战的关键。企业需要通过市场调研、客户反馈等方式深入了解不同客户群体的需求特点、偏好和购买行为，分析客户的需求趋势和变化，以满足客户的个性化需求。例如，可以通过开展问卷调查、组织焦点小组讨论等方式，收集客户的意见和建议，了解客户对产品功能、价格、服务质量等方面的需求，为产品和服务的优化提供参考。

灵活调整产品和服务是满足客户需求多样化的关键。企业需要根据不同客户群体的需求特点和市场趋势，灵活调整产品的设计和功能，以提供更加个性化的产品选择。同时，还需要提供多样化的服务方式和增值服务，以满足客户不同的服务需求。例如，可以推出定制化产品和服务，根据客户的特定需求进行个性化定制；还可以提供售前咨询、售中服务和售后支持等全方位的服务，增强客户黏性，促进销售的增长。例如，市场竞争激烈、产品创新压力、销售渠道管理等都可能对销售业绩产生影响。加强对销售渠道的管理和优化，拓展新的销售渠道，提高销售渠道的覆盖范围和效率，以适应市场竞争的挑战。

第三节　销售管理中的应对策略与方法

一、销售管理中的应对策略

建立完善的风险管理体系可以帮助企业识别、评估和控制销售过程中可能面临的各种风险，从而防止风险的发生和降低影响，保障销售业绩的稳健增长。识别和评估潜在风险。企业需要对销售过程中可能面临的各种风险进行全面识别和评估。这包括市场风险、客户风险、竞争风险、供应链风险等各个方面的风险。通过分析历史数据、市场趋势、竞争对手情况等信息，可以辨识出潜在的风险因素，并对其可能带来的影响进行评估，为制订应对策略提供依据。制订风险管理策略和措施。在识别和评估了潜在风险后，企业需要制订相应的风险管理策略和措施。这包括风险防范、风险转移、风险应对等方面的策略和措施。例如，针对市场风险，企业可以通过加强市场调研、拓展产品线、优化定价策略等方式来降低市场风险；针对客户风险，可以建立健全的客户管理体系，加强客户关系维护，降低客户流失率；针对竞争风险，可以加强对竞争对手的监测和分析，提升产品的竞争力等。

建立风险管理流程和制度。企业需要建立规范的风险管理流程和制度，明确风险管理的责任和权限，确保风险管理工作的有效开展。这包括建立风险识别、评估、监控、应对和反馈等环节的流程和机制，明确各个环节的工作内容、责任人和时间节点，确保风险管理工作的有序进行。同时，还需要建立风险管理的监督和评估机制，定期对风险管理工作进行检查和评估，及时发现问题并采取纠正措施。持续改进和优化风险管理体系。风险管理是一个持续改进的过程，企业需要不断总结经验，优化风险管理体系，提高风险管理的效率和水平。这包括及时反馈风险管理的效果和问题，对风险管理策略和措施进行调整和优化，不断提升企业的风险管理能力和水平。

二、销售管理中的应对方法

（一）建立强大的品牌影响力

1. 明确品牌定位和核心价值

企业需要明确品牌的定位和核心价值，即企业希望在市场中扮演的角色以及企业所要传达的核心理念和价值观。品牌定位和核心价值应该与目标客户群体的需求和偏好相契合，能够有效区分企业与竞争对手的差异，为消费者提供独特的价值体验。通过明确品牌定位和核心价值，企业可以建立起与消费者的情感连接，提升品牌的认知度和美誉度。

2. 加强品牌传播和推广

企业需要通过多种渠道和方式，积极开展品牌传播和推广活动，提升品牌的曝光度和影响力。这包括线上线下结合的营销活动，如广告宣传、公关活动、社交媒体营销、赞助活动等。通过有效的品牌传播和推广，企业可以将品牌信息传递给更多的潜在客户，提升品牌在目标市场中的知名度和美誉度，从而吸引更多的消费者选择企业的产品和服务。

3. 注重产品品质和服务体验

品牌的影响力不仅来自品牌的形象和宣传，更源自产品品质和服务体验。企业需要不断提升产品的质量和服务的水平，满足消费者的需求和期待，树立起良好的品牌口碑和信誉。通过提供优质的产品和卓越的服务，企业可以赢得消费者的信任和支持，建立起稳固的品牌基础，进而提升品牌的影响力和市场地位。

4. 建立品牌联盟和合作伙伴关系

企业可以通过与其他品牌或机构建立合作伙伴关系，共同推广品牌和产品，扩大品牌的影响力和覆盖范围。这可以通过联合营销活动、跨界合作、共同品牌推广等方式实现。通过与具有影响力和资源的合作伙伴进行合作，企业可以借助其渠道和资源优势，更好地扩展品牌影响力，实现品牌的快速发展和提升。

（二）灵活应对市场变化

随时关注市场变化和竞争动态，灵活调整销售策略和业务布局，能够帮助企业及时应对市场挑战和机遇，保持市场敏锐度，提高销售业绩。建立有效的市场监测和分析机制。企业需要建立起完善的市场监测和分析机制，及时收集、整理和分析市场信息和竞争动态，了解市场趋势和客户需求的变化，发现市场机遇和挑战。通过市场监测和分析，企业可以及时了解市场的变化和竞争对手的动向，为调整销售策略和业务布局提供依据和支持。[①] 企业需要根据市场变化和竞争动态，以适应市场的变化和满足客户的需求。这包括调整产品定位和产品组合，优化销售渠道和销售模式，调整价格策略和促销活动等。通过灵活调整销售策略和业务布局，企业可以更好地抓住市场机遇，应对市场挑战，提升销售业绩。

企业需要加强与客户的沟通和互动，及时了解客户的需求和反馈，调整销售策略和服务模式。可以通过定期组织客户调研、开展客户满意度调查、建立客户反馈机制等方式，及时响应客户的需求，增强与客户的关系。加强团队建设和人才培养。企业需要建立一支高效的销售团队，以应对市场的变化和挑战。可以通过定期组织销售培训、设立激励机制、建立团队协作机制等方式，提升销售团队的整体素质和战斗力，增强团队的应变能力和执行力，实现销售业绩的稳健增长。持续创新和改进。企业需要不断创新和改进，与时俱进。可以通过加强产品创新、营销策略创新、服务模式创新等方式，不断推出新产品、新服务，开拓新的市场领域，提升品牌的竞争力和市场影响力。

---

① 田宛毅. 销售人员应具备的沟通技巧 [J]. 现代营销（经营版），2019（04）：145.

第九章　销售管理的创新与发展

第一节　销售管理的创新理念与实践

一、销售管理的创新理念

（一）社交化销售

社交化销售是一种基于社交媒体和网络平台的销售模式，通过借助社交媒体的强大传播和互动能力，加强与客户的互动和沟通，从而提升销售效率和业绩。企业可以利用各种社交媒体平台，如微信、微博、LinkedIn、Facebook 等，建立多元化的社交媒体渠道，与客户进行互动和沟通。通过在社交媒体上发布产品信息、行业资讯、促销活动等内容，引发客户的关注和参与，扩大品牌影响力和知名度。同时，还可以利用社交媒体平台的定向推送功能，精准定位目标客户群体，提高销售的精准度和效率。建立个性化的社交化销售模式。企业可以根据客户的需求和偏好，设计个性化的社交化销售模式。例如，可以通过社交媒体私信、在线客服等方式，与客户进行一对一的沟通和交流，了解客户的需求并提供定制化的产品和服务；还可以利用社交媒体平台的社群功能，建立产品用户群体，促进用户之间的互动和交流，提升用户的参与度和忠诚度。加强内容营销和社交化推广。内容营销是社交化销售的重要组成部分，通过优质的内容吸引客户的关注和参与，从而提升销售业绩。企业可以通过在社交媒体上发布有价值的内容，如行业资讯、产品介绍、用户案例等，吸引客户的关注和阅读，引导客户进行购买和消费。同时，还可以借助社交媒体上的用户 UGC（用户生成内容）和口碑传播，通过用户的分享和推荐，扩大产品的传播范围。

加强社交化销售团队建设和培训。企业需要建立专业的社交化销售团队，培养团队成员的社交化销售能力和技能，提升团队的执行力和战斗力。可以通过定期组织培训课程、分享成功案例和经验等方式，提升团队成员对社交化销售的理解和认知，增强团队的合作意识和团队凝聚力。持续创新和改进社交化销售模式。社交化销售是一个不断创新和改进的过程，企业需要不断尝试新的社交化销售模式和策略，与时俱进。可以通过持续改进产品和服务、创新营销方式和推广手段、探索新的社交媒体渠道和技术等方式，不断提升社交化销售的效果和效率。

（二）智能化销售工具

智能化销售工具是一种利用先进的科技手段，如人工智能、大数据分析等，为销售团队提供支持和帮助，提高销售工作效率和管理水平的工具和系统。这些工具包括销售自动化软件、客户关系管理系统（CRM）、智能销售预测工具、销售数据分析平台等，通过智能化的算法和技术，帮助企业更好地管理客户关系、提升销售业绩。利用智能化销售工具优化销售流程。传统的销售流程通常烦琐而耗时，而智能化销售工具可以帮助企业优化销售流程。通过销售自动化软件和CRM系统，企业可以实现销售流程的自动化和标准化，从线索跟进、客户开发到销售成交等环节，都可以通过系统自动完成，减少人工干预，提高销售团队的工作效率。同时，智能化销售工具还可以通过智能分析客户数据、预测销售趋势等功能，帮助企业更好地把握市场机遇和客户需求。加强客户关系管理和个性化营销。智能化销售工具可以帮助企业更好地管理客户关系，实现个性化营销。企业可以全面记录客户信息、交流记录、购买历史等数据，建立客户360度全景视图，提供个性化的产品推荐和定制化的服务，提高客户的购买体验和满意度。同时，智能化销售工具还可以通过智能化的营销策略和推广活动，精准锁定目标客户群体，提升营销的精准度和效果。

优化销售团队管理和业绩考核。智能化销售工具可以帮助企业更好地管理销售团队，提高销售团队的管理水平和绩效管理效率。销售经理可以实时监控销售团队的工作进展和业绩情况，了解销售人员的工作状态和业绩表现，及时进行销售任务分配和资源调配，提高销售团队的协作效率和工作效率。同时，智能化销售工具还可以通过智能化的绩效考核和激励机制，激发销售团队的工作积极性和创造力，提高销售业绩的达成率和质量。加强销售数据分析和预测能力。智能化销售工具可以帮助企业更好地分析销售数据、预测销售趋势。通过销售数据分析平台和智能销售预测工具，企业可以深入挖掘销售数据的潜在价值，发现销售趋势和规律，识别销售机会和风险，为销售策略和业务决策提供数据支持和参考，帮助企业更加科学地制订销售计划和目标。

（三）人性化管理

通过重视销售团队的人文关怀和心理健康，激励和关爱销售人员，可以提升团队的凝聚力和创造力，促进销售业绩的持续增长。关注员工的个体需求和情感关怀。人性化管理强调以人为本，注重员工个体的需求和情感体验。企业可以通过定期组织员工沟通会议、个人谈话等方式，了解员工的工作和生活情况，倾听他们的心声和需求，及时解决员工的困难和问题，为员工提供心理上的支持和关怀。同时，还可以通过提供灵活的工作时间安排、健康的工作环境和良好的福利待遇等方式，满足员工的个体需求，提升员工的工作满意度和归属感。建立积极向上的团队文化。人性化管理强调团队合作和共享精神，倡导积极向上的团队文化，激发员工的工作热情和团队凝聚力。企业可以通过组织团队建设活动、开展团队合作项目等方式，增强团队的凝聚力和信任度。同时，还可以通过树立榜样、表彰优秀员工、分享成功经验等方式，营造积极向上的团队氛围，激励员工为团队的共同目标努力奋斗，实现团队的共同成长和发展。

提供全方位的员工发展支持。人性化管理注重员工的个人成长和职业发展，帮助员工实现个人价值和职业目标。企业可以通过提供专业的培训和学习机会、提供晋升和发展通道，为员工提供全方位的发展支持，激发员工的工作激情和创造力，提高员工的绩效和竞争力。同时，还可以通过定期评估和反馈、个人成长规划等方式，帮助员工不断提升自我认知和职业能力，实现个人和团队的共同发展和进步。重视员工的心理健康和工作满意度。[①] 人性化管理注重员工的心理健康和工作满意度，关注员工的工作压力和情绪状态，提供相应的心理健康支持和服务。企业可以通过开展心理健康教育和培训、提供心理咨询和辅导服务、建立员工互助机制等方式，帮助员工有效应对工作压力，保持心理健康，提高工作满意度和幸福感。同时，还可以通过提供灵活的工作安排、健康的工作环境等方式，为员工营造轻松愉快的工作氛围，提升员工的工作效率和生产力。

---

① 赵伟晶. 微信朋友圈正能量销售技巧探究 [J]. 吉林广播电视大学学报，2018（08）：135-136.

二、销售管理的创新实践

（一）创新销售模式

创新销售模式是企业在适应市场需求、满足客户个性化需求、开拓新的销售领域时所采取的一种创新实践。这种实践涵盖了多种形式，如订阅销售、共享经济模式等，通过这些创新的销售方式，企业能够更好地与客户进行互动，提供更具个性化的产品和服务，从而实现销售业绩的稳健增长。探索创新的销售模式需要企业不断创新思维，积极实践，并结合销售管理的创新实践，才能取得成功。订阅销售模式是一种基于订阅关系的销售方式，客户通过订阅服务，按照一定的周期定期获得产品或服务。这种模式能够帮助企业建立长期稳定的客户关系，实现持续稳定的收入增长。例如，一些在线媒体提供的订阅服务，客户每月支付一定费用，即可获取平台上的优质内容；一些健身中心提供的会员制服务，客户按照不同的会员等级，定期享受健身服务。

共享经济模式是一种基于资源共享和利益共享的销售方式，通过共享经济平台，将闲置资源进行有效利用，实现资源的最大化利用和价值的最大化释放。这种模式能够帮助企业降低成本、提高效率，满足客户个性化需求。例如，共享单车平台提供的共享出行服务，客户通过共享单车平台，随时随地享受便捷的骑行服务；共享办公空间平台提供的共享工作空间服务，客户可以根据自己的需求和工作时间，灵活选择工作场所。通过共享经济模式，企业可以将资源有效配置，提高资源利用率。定制化销售模式是一种根据客户个性化需求，提供定制化产品和服务的销售方式。这种模式能够帮助企业与客户建立紧密的合作关系，实现双赢共赢。例如，一些定制化服装品牌提供的定制化服务，客户可以根据自己的需求和喜好，定制专属于自己的服装；一些定制化家居品牌提供的定制化家居服务，客户可以根据自己的家居空间和装修风格，定制专属于自己的家居产品。通过定制化销售模式，企业可以充分满足客户的个性化需求，增强客户的忠诚度。

（二）绿色可持续发展

倡导绿色、环保的销售理念不仅有助于企业履行社会责任，还能够赢得客户和社会的信赖和支持。通过关注企业社会责任和可持续发展，企业可以不断创新实践，推动绿色可持续发展的理念在销售管理中的应用，从而实现销售业绩的可持续增长。建立绿色供应链和产品体系。企业可以通过与供应商合作，建立绿色供应链，选择环保、可再生材料作为产品原材料，采用绿色生产工艺，实现产品的绿色化生产。同时，还可以推出绿色产品线，满足消费者对环保产品的需求。例如，推出符合环保标准的家居用品、绿色能源产品等，通过绿色产品的销售，实现企业绿色可持续发展理念的落地。加强环保宣传和教育。企业可以通过各种渠道，如广告、社交媒体、活动等，进行环保宣传和教育，提高公众对环保的认识和重视程度。可以通过宣传企业的环保实践和成就，倡导消费者选择环保产品，推动环保理念在社会中的传播和普及。同时，还可以组织环保教育活动，向员工和消费者普及环保知识，引导大家采取环保行动，共同推动绿色可持续发展。

推动绿色消费和生活方式。企业可以通过销售管理的创新实践，推动绿色消费和生活方式的普及和推广。可以通过打造绿色消费平台，提供丰富多样的环保产品和服务，满足消费者对绿色生活的需求。例如，推出绿色旅游产品、绿色健康食品等，引导消费者选择绿色产品，倡导低碳环保的生活方式。同时，还可以通过促销活动、优惠政策等方式，鼓励消费者选择绿色产品，积极参与环保行动。强化环保认证和标准体系。企业可以积极参与环保认证和标准体系的建设，确保产品符合环保标准和要求。可以通过申请环保认证，提升产品的环保形象和竞争力，赢得消费者的信赖和支持。同时，还可以积极参与环保标准的制订和修订，推动环保标准的不断提高，推动行业向更加环保、可持续的方向发展。强化企业环保责任和义务。企业应当积极承担企业环保责任和义务，履行环境保护的社会责任。可以通过建立环境管理体系，加强环境监测和污染治理，减少对环境的负面影响。同时，还可以积极参与环保公益活动，支持环保组织和项目，为环保事业贡献力量，推动绿色可持续发展。

第二节　销售管理的数字化转型与智能化发展

一、销售管理的数字化转型

（一）数字化销售培训

数字化销售培训是利用在线培训平台和虚拟培训工具，对销售人员进行培训和知识更新的一种创新方式。通过数字化销售培训，销售团队可以随时随地进行学习，提升专业水平和绩效水平，适应市场的变化和客户的需求。

1. 建立在线培训平台

企业可以搭建自己的在线培训平台，提供丰富多样的培训内容和学习资源，包括销售技巧、产品知识、市场趋势等内容。通过在线培训平台，销售人员可以根据自己的需求和学习进度，选择适合自己的课程和培训内容，随时随地进行学习。同时，还可以通过在线测试和评估，及时了解销售人员的学习效果和水平，进行个性化的培训指导和辅导。

2. 利用虚拟培训工具

虚拟培训是一种基于虚拟现实（VR）和增强现实（AR）技术的培训方式，可以模拟真实的销售场景，提供沉浸式的学习体验。企业可以利用虚拟培训工具，为销售人员提供仿真训练和实战演练，让他们在虚拟环境中进行销售演练，锻炼销售技巧和应对能力。通过虚拟培训，销售人员可以在真实场景中进行模拟销售，体验销售过程中的挑战和困难，提高应对复杂情况的能力，从而提升销售绩效和客户满意度。

3. 开展远程培训和在线辅导

远程培训是一种基于网络和通信技术的培训方式，可以实现师生分离、时间空间灵活学习。企业可以通过视频会议、在线直播等方式，进行远程培训和在线辅导，为销售人员提供实时的学习支持和指导。销售人员可以通过远程培训，与专业培训师进行互动和交流，学习销售技巧和经验，解决销售过程中的问题和困难，提升销售绩效和团队凝聚力。

（二）客户自助服务

1. 建立客户自助查询系统

这一系统可以让客户通过企业网站或专用应用程序自主查询产品信息、库存情况、订单状态等相关信息。客户可以随时随地通过电子设备访问这一系统，不再需要通过电话或邮件联系客服人员，极大地提高了查询效率和便利性。这对于企业而言，也减轻了客服人员的负担，使其能够更专注地处理复杂的问题和投诉，从而提升了客户体验和满意度。

2. 构建客户自助订单管理平台

客户可以通过这一平台自主进行订单的创建、修改、取消等操作，实现了订单管理的自助化。此外，客户还可以实时跟踪订单的物流信息，了解订单的配送状态，从而更加方便地掌握自己的订单情况。通过客户自助订单管理平台，企业可以提高订单处理的效率，缩短订单处理周期，加强了客户与企业的沟通和互动，提升了客户的满意度和忠诚度。

3. 提供在线支付功能

客户可以通过客户自助服务平台直接进行在线支付，无须再通过传统的线下支付方式进行支付。这一功能极大地提升了客户的支付便利性和安全性，提高了购物体验。对于企业而言，在线支付也降低了资金回笼周期，加快了资金周转速度，有助于提升企业的现金流水平。因此，开发在线支付功能不仅可以提升客户满意度，还可以促进企业的销售增长。开发客户自助售后服务平台。客户在购买产品后，可能需要进行售后服务，如申请退货、换货、维修等。通过客户自助售后服务平台，客户可以直接提交售后服务申请，并实时跟踪售后处理进度。这一平台还可以提供常见问题解答、售后指导等信息，帮助客户解决常见问题，减少售后服务的人工干预，提高售后服务的效率和质量。

二、销售管理的智能化发展

（一）智能化销售预警和监控

智能化销售预警和监控系统是一种基于数据分析和预警机制的销售管理工具，旨在帮助企业及时发现销售异常情况和潜在风险，并协助管理人员进行有效决策和调整销售策略。在销售管理的智能化发展中，建立智能化的销售监控系统已经成为企业提高销售绩效、降低销售风险的关键一环。通过实时数据分析和预警机制，企业可以更加精准地洞察市场变化，提高销售效率和竞争力。智能化销售预警和监控系统可以实现对销售数据的实时监控和分析。通过这一系统，企业可以实时地收集、整理和分析销售数据，包括销售额、销售渠道、客户反馈等多方面的信息。通过数据分析，企业可以洞察市场的实时动态，发现销售过程中的异常情况和潜在风险，为管理人员提供及时的决策支持和参考依据。智能化销售预警和监控系统可以实现对销售目标的动态监控和调整。系统可以设定多维度的销售目标，并实时监控销售进展情况，及时发现与目标偏差较大的情况，并提供相应的预警信息。管理人员可以根据系统提供的数据分析结果，及时调整销售目标和制订相应的应对策略，确保销售目标的实现。

智能化销售预警和监控系统可以实现对销售业绩的细分和评估。通过该系统，企业可以对销售业绩进行多维度的分析和评估，包括销售额、销售渠道、客户类型等多个方面的指标。系统可以根据设定的评估标准和算法，自动生成销售业绩的评估报告，及时发现业绩下滑的原因，并采取相应的措施进行调整和改进。智能化销售预警和监控系统可以实现对销售过程的实时监控和优化。通过系统，企业可以对销售过程进行全面监控和跟踪，包括客户拜访、销售漏洞、订单处理等环节。系统可以自动生成销售过程的实时监控报告。及时发现销售过程中存在的问题和瓶颈，并采取相应的措施进行优化和改进。

（二）智能化客户互动

智能化客户互动是指利用智能化的客户互动工具，如智能客服机器人、智能语音助手等，与客户进行智能化的互动和服务（图9-1、图9-2）。企业可以实现客户的自助服务和智能问答，提升客户体验和服务效率。智能化客户互动成为企业提高客户满意度、增强竞争力的重要手段。通过智能化客户互动，企业可以更加智能地响应客户需求。智能客服机器人是智能化客户互动的重要工具之一。智能客服机器人是一种基于人工智能技术的智能对话系统，可以模拟人类进行对话和交流，为客户提供自助服务和智能问答。客户可以通过智能客服机器人进行在线咨询、订单查询、问题解答等操作，无须等待人工客服的介入，极大地提升了客户服务的效率和便利性。同时，智能客服机器人还可以根据客户的需求和问题，智能推荐相关产品和服务，促进销售转化。智能语音助手也是智能化客户互动的重要工具之一。智能语音助手是一种基于语音识别和语音合成技术的智能助手，可以通过语音进行交流和指令，为客户提供智能化的服务和支持。客户可以通过智能语音助手进行语音查询、语音导航、语音下单等操作，无须手动输入文字，极大地提升了客户服务的便利性和舒适度。与智能客服机器人相比，智能语音助手更加注重语音交流的便捷性和自然性，能够提升客户体验和满意度。

图 9-1 智能客服机器人

图 9-2 智能语音助手

智能化客户互动还可以实现客户的个性化服务和定制化推荐。通过智能化客户互动工具，企业可以根据客户的历史购买记录、偏好信息等数据，智能分析客户需求和行为模式，为客户提供个性化的服务和定制化的推荐。例如，智能客服机器人可以根据客户的购买记录，智能推荐相关产品和促销活动；智能语音助手可以根据客户的偏好信息，智能定制语音导航和语音推送内容。[1] 通过个性化服务和定制化推荐，企业可以提高客户满意度和忠诚度。智能化客户互动还可以实现客户反馈和情感识别。企业可以实时收集客户的反馈意见和情感信息，智能分析客户的情绪和态度，及时发现客户的不满意和抱怨，并采取相应的措施进行处理和改进。例如，智能客服机器人可

---

① 李淑梅，桑璐. 新经济下企业分销渠道选择与管理 [J]. 合作经济与科技，2021 (19)：88-89.

以通过语音识别技术分析客户的语气和情绪，及时调整回复内容和语调，化解客户的不满情绪，提升客户体验和满意度。通过客户反馈和情感识别，企业可以更加全面地了解客户需求和感受，提升销售效率和客户忠诚度。

第三节 销售管理的持续改进与优化

一、销售管理的持续改进

（一）持续创新和试验

鼓励销售团队持续创新和试验，尝试新的销售策略和业务模式，是一种积极的组织文化，能够激发团队的创造力和活力，发现潜在的增长点和机会，从而推动销售业绩的持续提升。持续创新和试验可以帮助销售团队发现新的销售机会和业务增长点。市场环境和客户需求是不断变化的，企业需要不断调整和优化自己的销售策略和业务模式。通过持续创新和试验，销售团队可以尝试新的销售渠道、新的产品定位、新的市场定位等，不断探索和发现新的销售机会和业务增长点，从而实现销售业绩的持续增长。持续创新和试验可以帮助销售团队提升销售效率和客户满意度。销售过程中存在着各种各样的挑战和障碍，如客户需求不明确、竞争压力大等，需要销售团队不断探索和试验新的解决方案。销售团队可以尝试新的销售工具、新的销售流程、新的客户沟通方式等，提升销售效率，从而增强竞争力，实现销售业绩的持续提升。

持续创新和试验可以帮助销售团队拓展新的市场和客户群体。传统的销售模式和市场渠道可能已经无法满足企业的发展需求，需要销售团队不断创新和试验，拓展新的市场和客户群体。销售团队可以尝试开拓新的销售渠道、拓展新的市场领域、挖掘新的客户需求等，发现并吸引更多的潜在客户。持续创新和实验可以帮助销售团队不断提升自身竞争力和创新能力。销售团队需要不断创新和试验，才能够保持竞争优势。销售团队可以不断学习和积累经验，提升自身的销售技能和专业水平，增强团队的创造力和创新能力，从而在激烈的市场竞争中脱颖而出。

（二）定期复盘和总结

定期复盘和总结可以帮助销售团队发现成功经验和优秀做法。通过回顾和评估销售活动和业绩，销售团队可以发现成功的销售案例和优秀的销售实践，深入分析成功的原因和关键因素。例如，可以分析成功案例中的销售策略、市场定位、客户服务等方面，总结成功的经验和优秀的做法，为今后的销售工作提供借鉴和参考。

定期复盘和总结可以帮助销售团队发现改进点和优化空间。销售活动和业绩中往往会存在一些不足和问题，通过定期复盘和总结，可以深入分析销售过程中的挑战和困难，找出改进点和优化空间。例如，可以分析销售活动中的销售流程、销售技巧、客户反馈等方面，找出存在的问题和瓶颈，制订相应的改进措施和优化方案，提升销售效率和绩效水平。定期复盘和总结可以帮助销售团队提升学习和成长能力。销售是一个不断学习和成长的过程，销售团队可以不断反思和总结自己的销售经验和教训，提升自身的学习和成长能力。例如，可以分析销售活动中的成功和失败案例，总结成功的经验和失败的教训，不断吸取经验教训，提升销售团队的专业水平和绩效水平。定期复盘和总结可以帮助销售团队提升团队凝聚力和执行力。销售团队可以共同回顾和评估销售活动和业绩，共同发现成功经验和改进点，共同制订改进措施和优化方案，增强团队凝聚力和执行力。例如，可以组织团队复盘会议，让团队成员共同参与，共同讨论和分析销售过程中的优劣势，共同制订改进计划，推动改进措施的落实，提升团队的执行力和绩效水平。

二、销售管理的持续优化

（一）分析销售流程

在销售管理的持续优化中，分析销售流程有助于发现并解决销售过程中的问题，提升整体销售效率和客户满意度。分析销售流程可以帮助企业发现存在的瓶颈和低效环节。销售流程是一个复杂的环节，涉及多个环节和部门之间的协同合作，如果某个环节存在瓶颈或低效，就会影响整个销售过程的顺畅进行。通过分析销售流程，企业可以深入了解销售过程中的每一个环节，找出存在的瓶颈和低效环节，为后续的优化工作提供依据和方向。分析销售流程可以帮助企业发现存在的问题和挑战。销售过程中往往会面临各种各样的问题和挑战，如果不及时解决，就会影响销售效率和绩效水平。企业可以深入了解销售过程中存在的问题和挑战，找出解决问题的关键点和方法，为后续的优化工作提供参考和借鉴。

分析销售流程可以帮助企业优化销售策略和战略。销售策略和战略是指企业在销售过程中采取的各种策略和战略。企业可以了解销售过程中不同环节的表现情况，找出存在的问题和不足，进而调整和优化销售策略和战略。分析销售流程可以帮助企业优化销售技术和工具。销售技术和工具是指企业在销售过程中采用的各种技术和工具，包括客户关系管理系统、销售自动化软件等。企业可以了解销售过程中不同环节使用的技术和工具的效果，进而调整和优化销售技术和工具。分析销售流程可以帮助企业提升客户体验和满意度。客户体验和满意度是企业销售过程中的重要指标，直接影响客户对企业的认知和信任。企业可以了解销售过程中客户的感受和体验，进而改进和优化销售流程，增强客户的忠诚度和口碑效应。

（二）持续改进文化

持续改进文化鼓励团队成员不断探索和创新，促进团队的学习和成长，从而持续优化销售管理和业务流程，在持续优化的过程中，销售管理不仅需要关注销售策略和技术，更需要注重组织文化和团队氛围的建设。建立持续改进的文化氛围需要从领导层开始。领导者在组织中起着至关重要的作用，他们的态度和行为会对整个团队产生深远的影响。因此，领导者需要树立持续改进的理念，不断强调和倡导团队成员的学习和成长，鼓励他们勇于尝试新的想法和方法，不断追求卓越。领导者还需要为团队成员提供足够的支持和资源，使他们能够充分发挥自己的潜力，实现个人和团队的持续成长。建立持续改进的文化氛围需要注重团队的沟通和协作。团队成员之间的良好沟通和紧密协作是推动持续改进的关键。因此，企业需要建立开放和透明的沟通机制，鼓励团队成员之间进行积极交流和合作，分享经验和想法，共同解决问题和挑战。同时，企业还需要建立有效的团队协作机制，使团队成员能够更好地协同合作，共同完成销售任务和目标。

建立持续改进的文化氛围需要注重学习和知识分享。学习和知识分享是推动持续改进的重要手段，通过不断学习和积累知识，团队成员可以不断提升自己的专业水平和绩效水平。因此，企业需要建立学习型组织，鼓励团队成员积极参加各种培训和学习活动，不断更新和拓展自己的知识和技能。同时，企业还需要建立知识分享的平台和机制，促进团队成员之间的知识交流和分享，共同提升整个团队的绩效水平。建立持续改进的文化氛围需要注重反馈和改进。团队成员之间的及时反馈和改进是推动持续改进的重要保障，通过及时反馈和改进，团队成员可以及时发现问题和挑战，及时调整和改进自己的工作方式和方法，从而提高工作效率和绩效水平。因此，企业需要建立有效的反馈机制，鼓励团队成员之间进行积极反馈和建议，共同发现和解决问题，不断改进工作方式和方法。

第十章 销售管理的伦理与社会责任

第一节 销售管理中的伦理道德标准

一、诚实守信

(一) 诚实守信是建立良好客户关系的关键

在当今竞争激烈的市场环境中,企业和销售人员必须严格遵守诚实守信的原则,提供真实、准确的产品和服务信息,不得误导客户或隐瞒真相。诚实守信不仅是企业的社会责任,更是建立长期客户关系和良好品牌形象的基础。倡导诚实守信的伦理道德标准,不仅有助于提升企业的商业声誉,还能够增强销售团队的竞争力和可持续发展能力。客户对销售人员提供的信息和承诺有着高度的信任,如果销售人员提供的信息不真实或存在夸大作假之嫌,将会破坏客户对企业的信任,影响长期客户关系的建立和维护。因此,销售人员必须严格遵守诚实守信的原则,与客户建立起相互信任的关系,为企业赢得长期客户支持和认可。

(二) 诚实守信是保护消费者权益的基础

销售人员必须尊重消费者的知情权和选择权,不得误导消费者或隐瞒真相。只有通过诚实守信的行为,才能够有效保护消费者的权益,维护市场秩序,实现公平竞争,促进市场经济的健康发展。诚实守信是树立企业良好品牌形象的关键。在市场竞争激烈的环境下,企业的品牌形象直接影响着消费者的购买决策和品牌忠诚度。诚实守信的企业不仅能够赢得消费者的信任和认可,还能够树立起良好的品牌形象,提升品牌竞争力和市场地位。因此，企业和销售人员必须时刻铭记诚实守信的原则，坚持真实、透明的经营理念，树立起消费者信赖的品牌形象。诚实守信是维护行业良好发展秩序的重要保障。在市场经济的发展过程中，一些不诚信的行为常常会扰乱市场秩序，损害消费者利益，甚至引发行业信誉危机。

二、保护企业利益

保护企业利益要求销售人员以企业利益为重，全力以赴地履行职责，不得利用职务之便谋取个人私利或损害企业利益。在竞争激烈、市场环境复杂的背景下，保护企业利益不仅是维护企业长期发展的需要，更是维护行业信誉和市场秩序的关键。倡导保护企业利益的伦理道德标准，不仅有助于提升企业的竞争力和可持续发展能力，还能够增进销售团队的凝聚力和责任感。保护企业利益是维护销售团队正常运转的重要保障。销售团队是企业实现销售目标和营收增长的重要力量，而保护企业利益是保障销售团队正常运转的前提。如果销售人员为了个人私利而损害企业利益，将会严重影响销售团队的信誉和形象，甚至引发团队内部的不满和抵触情绪，最终影响销售团队的凝聚力和执行力。因此，销售人员必须以企业利益为重，保护企业利益，确保销售团队的正常运转。保护企业利益是维护客户利益的关键。客户的利益始终是至关重要的，而保护企业利益正是为了维护客户利益的最有效途径之一。如果销售人员为了追求个人私利而损害企业利益，将会严重影响客户利益，破坏与客户之间的信任关系，甚至损害企业和客户的长期合作关系。因此，销售人员必须时刻牢记保护企业利益的重要性，坚决维护客户利益，确保客户在合作中获得公平、诚信的待遇。

保护企业利益是维护市场秩序和行业信誉的基础。保护企业利益不仅关乎企业的长期发展，更关乎整个市场的健康发展。如果销售人员为了谋取个人私利而损害企业利益，将会扰乱市场秩序，损害行业信誉，给企业和行业带来严重的负面影响。因此，销售人员必须严格遵守保护企业利益的原则，拒绝一切损害企业利益的行为，共同维护市场秩序和行业信誉，推动行业健康发展。保护企业利益是维护企业形象和声誉的关键。在现代社会，企业形象和声誉是企业最宝贵的资产之一，而保护企业利益是维护企业形象和声誉的重要途径之一。因此，销售人员必须时刻牢记保护企业利益的责任，坚决维护企业形象和声誉，确保企业在市场中始终保持良好的形象和声誉。

三、维护企业声誉

(一)维护企业声誉是建立长期客户关系的关键

在现代商业环境中,企业声誉是企业最宝贵的财富之一,而销售人员作为企业形象的代表,其言谈举止直接关系到企业形象的塑造和维护。因此,倡导维护企业声誉的伦理道德标准不仅有助于提升企业的竞争力和市场地位,更有助于增强销售团队的责任感和使命感。客户往往更愿意选择那些信誉良好、值得信赖的企业进行合作。因此,企业需要借助销售人员的言谈举止来塑造良好的企业形象,建立起客户对企业的信任和认可,从而促进长期客户关系的建立和发展。如果销售人员的言谈举止不当,可能会损害企业的声誉,影响客户对企业的信任和认可,甚至导致客户的流失。因此,销售人员必须时刻牢记维护企业声誉的重要性,通过言谈举止来树立良好的企业形象。维护企业声誉是树立企业良好品牌形象的关键。企业的品牌形象直接关系到企业的竞争力和市场地位。[①] 而企业的品牌形象往往是由销售人员的言谈举止来体现的。因此,销售人员必须时刻保持良好的言谈举止,树立起企业良好的品牌形象,提升企业的竞争力和市场地位。

(二)维护企业声誉是保护企业利益的重要途径

企业往往面临着各种各样的风险和挑战,而企业的声誉往往是企业最重要的资产之一。如果企业的声誉受损,将会严重影响企业的业务发展和利益实现。因此,企业需要借助销售人员的言行举止来维护企业的声誉,保护企业的利益不受损害。因此,销售人员必须时刻谨慎言行,不得做出有损企业声誉的行为,以此来保护企业的利益和长期发展。维护企业声誉是维护行业信誉和市场秩序的重要保障。行业信誉和市场秩序往往是企业生存和发展的关键,而企业的声誉往往是行业信誉和市场秩序的重要组成部分,因此,销售人员必须时刻注意言谈举止,以此来维护行业信誉和市场秩序的稳定和健康发展。

① 童庆飞,明新国,张先燏. 企业数字化转型及营销体系研究 [J]. 科技创新与应用,2024,14 (12):90-95.

第二节　销售管理中的社会责任意识

一、产品质量和安全

在当今社会，随着消费者对产品质量和安全的重视程度不断提高，企业必须以社会责任意识为导向，积极采取措施确保销售的产品质量符合相关标准和法律法规要求，为消费者提供安全可靠的产品和服务。确保产品质量和安全是维护消费者权益的重要举措。在市场经济体系中，消费者是市场的主体，他们对产品的质量和安全有着高度的关注和要求。如果企业在销售过程中出现产品质量问题或安全隐患，将会严重损害消费者的权益和利益，导致消费者的信任和忠诚度降低，甚至引发消费者维权和法律诉讼。确保产品质量和安全是保障企业商誉和品牌形象的重要保障。在市场竞争激烈的环境中，企业的商誉和品牌形象直接关系到企业的竞争力和市场地位，而产品质量和安全往往是企业商誉和品牌形象的重要组成部分。

确保产品质量和安全是维护市场秩序和行业信誉的重要保障，市场秩序和行业信誉往往是企业生存和发展的关键。而产品质量和安全往往是维护市场秩序和行业信誉的重要手段。确保产品质量和安全是履行企业社会责任的重要举措。企业不仅是经济组织，更是社会组织，承担着重要的社会责任和义务，而确保产品质量和安全是企业履行社会责任的重要内容之一。

二、消费者教育

（一）提升消费者的认知和理解水平

消费者教育旨在通过各种渠道和方式，向消费者传递有关产品和服务的信息，提升消费者的认知和理解水平，增强其保护自身权益的意识和能力。消费者教育不仅有助于促进消费者的理性消费行为，还能够提升市场的透明度和效率，促进经济社会的健康发展。倡导消费者教育的社会责任意识，不仅有助于提升企业的社会形象和信誉，还能够促进市场的健康稳定发展。消费者往往面临着各种各样的产品和服务选择，而消费者的认知和理解水平往往直接影响到其消费决策的质量和效果。通过开展消费者教育活动，可以向消费者传递有关产品和服务的信息，帮助他们了解产品的特点、功能、用途以及与其他产品的比较优劣等，提升其认知和理解水平，从而更加理性地进行消费决策，避免因信息不足或误导而造成的不良后果。

（二）增强消费者的保护意识和能力

消费者往往处于信息不对称的劣势地位，容易受到不法商家的欺诈和侵害。可以向消费者传递有关消费者权益和维权途径的信息，提升其保护自身权益的意识和能力，使其具备更强的抵御欺诈和侵害的能力，有效保护自己的合法权益。消费者教育有助于促进市场的透明度和效率。在信息不对称的情况下，市场往往难以实现有效的竞争和资源配置，容易产生因信息不对称导致的市场失灵现象。可以提升消费者的信息获取能力和选择能力，增强市场的透明度和竞争性，促进市场资源的有效配置和利用，提高市场的效率和效益。消费者教育有助于提升企业的社会形象和信誉。企业可以向社会传递积极的社会形象和价值观，展示其关注消费者权益和社会公益的责任意识，提升其社会形象和信誉，增强公众对企业的信任和支持。

三、供应链责任

关注供应链责任体现了企业对于社会责任的承担和对供应链全流程的管理。在全球化的商业环境中，企业的行为不仅会对自身产生影响，也会对整个供应链生态系统产生影响。因此，销售管理应当具备较强的社会责任意识，通过监督和管理供应商的行为，促进供应链的可持续发展，避免不良影响，特别是关注劳工权益和环境问题，保护相关利益者的权益。关注供应链责任有助于保护劳工权益。在全球化的供应链中，往往存在着劳工权益被侵犯的情况，例如过度工时、低工资、恶劣工作环境等。这些问题不仅损害了劳工的基本权益，也影响了生产者的形象和声誉。销售管理应当积极关注供应链中的劳工问题，通过设立合理的工作标准和管理机制，监督和管理供应商的行为，保障劳工的基本权益，促进劳工的合法权益得到尊重和保护。

关注供应链责任有助于保护环境和可持续发展。销售管理应当积极关注供应链中的环境问题，通过推动环保政策和技术创新，监督和管理供应商的环保行为，降低生产过程中的环境污染和资源浪费，促进环境的可持续发展。关注供应链责任有助于提升企业的社会责任形象和声誉。企业的社会责任形象和声誉对于其长期发展至关重要。通过积极关注供应链责任，销售管理可以向社会传递积极的社会责任形象和价值观，树立企业的良好形象和声誉。关注供应链责任有助于降低企业的经营风险。企业面临着各种各样的经营风险，例如供应链中的劳工问题、环境问题等。销售管理可以及时发现和解决供应链中存在的问题，降低企业的经营风险，保障企业的可持续发展。

第三节　销售管理中的合规性与法律风险

一、销售管理中的合规性

（一）法律法规遵守

合规性不仅是对企业的要求，也是对整个行业的规范。销售管理需要遵守国家和地方相关的法律法规，其中包括但不限于《中华人民共和国反垄断法》《中华人民共和国消费者权益保护法》《中华人民共和国广告法》等（图10-1、图10-2、图10-3）。通过确保销售活动的合法性和合规性，企业能够建立起可信赖的商业形象，保护消费者权益，促进行业的健康发展。合规性对于企业来说是至关重要的。遵守法律法规可以确保企业的经营活动得到合法保障，避免违法行为所带来的法律风险和法律责任。如果企业不能做到合规性，可能会面临诸如法律诉讼、罚款甚至经营受限等问题，严重影响企业的发展和生存。因此，确保销售管理的合规性是企业持续健康发展的基础。

图10-1　《中华人民共和国反垄断法》　　　图10-2　《中华人民共和国消费者权益保护法》

图10-3　《中华人民共和国广告法》

合规性有助于保护消费者权益。法律法规通常会对产品质量、价格、广告宣传等方面做出详细规定，这些规定旨在保护消费者的合法权益，防止不正当竞争和欺诈行为的发生。通过遵守相关法律法规，销售管理可以确保产品和服务的质量和价格合理，避免误导性广告等行为，保护消费者免受不良影响，建立起良好的消费者信任和品牌形象。合规性有助于维护行业的健康发展。作为行业的一分子，企业应该遵守行业内的规范和标准，维护行业的整体声誉和形象。如果一家企业违反法律法规，可能会给整个行业带来负面影响，损害行业的信誉和发展前景。因此，确保销售管理的合规性是维护行业健康发展的重要保障。合规性有助于提升企业的竞争力。在全球化的市场竞争中，企业不仅需要具备高效的销售团队和营销策略，还需要具备合规性和诚信经营的形象。通过遵守法律法规，企业可以建立起可信赖的商业形象，获得消费者和合作伙伴的信任和支持。

（二）合同合规性

合同是商业活动中的基础性文件，它规范了交易双方的权利和义务，保障了交易的合法性和安全性。因此，销售管理需要严格遵守《中华人民共和国合同法》规定，确保销售合同的签订和履行符合法律规定和合同约定，以保障双方当事人的合法权益。合同合规性是维护交易双方合法权益的基础。在商业交易中，合同是交易双方之间约定的法律文件，它规定了双方的权利和义务，约束双方按照合同约定进行交易活动。通过遵守法律规定，销售管理可以确保销售合同的签订和履行符合法律规定和合同约定，保障交易双方的合法权益，防止因合同违约或解释不清而导致的纠纷和损失。合同合规性有助于维护市场秩序和竞争公平。合同是规范商业活动的重要法律工具，它保障了市场交易的合法性和公平性，促进了市场的健康发展。销售管理可以确保销售活动的合法性和合规性，维护市场秩序和竞争公平，促进市场的健康稳定发展。

合同合规性有助于提升企业的信誉和声誉。企业的信誉和声誉是其生存和发展的重要基础，它直接影响到企业的市场地位和竞争力。销售管理可以建立起良好的商业信誉和声誉，赢得客户和合作伙伴的信任和支持。合同合规性有助于降低企业的经营风险。合同纠纷往往是企业面临的重要风险之一，它可能会导致企业的经济损失和法律责任。销售管理可以有效降低合同纠纷的发生率，减少企业的经营风险，保障企业的持续健康发展。

（三）税务合规性

遵守税法规定、履行税收义务是企业应尽的法律责任，也是对社会的一种贡献。销售管理应该依法缴纳税款，不得进行偷税漏税或其他税务违法行为，以维护企业的合法权益，保障税收的正常征收，促进经济的稳定和健康发展。税务合规性是企业社会责任的一部分。作为市民经济的一分子，企业应当履行纳税义务，依法缴纳税款。通过遵守税法规定，企业不仅有助于维护税收的正常征收，也有助于促进社会的公平和正义。税收是国家的重要财政收入来源，它直接影响到国家的经济运行和社会发展。通过依法缴纳税款，企业可以履行社会责任，为国家的经济发展和社会进步作出贡献。

税务合规性是企业良好形象和信誉的重要保障。在市场经济条件下，企业的良好形象和信誉对于其长期发展至关重要。企业可以树立起良好的社会形象和商业信誉，赢得政府、客户和合作伙伴的信任和支持。税务合规性不仅体现了企业的诚信经营理念，也为企业赢得了良好的商业环境和市场口碑，提升了企业的竞争力和市场地位。税务合规性有助于降低企业的经营风险。税收违法行为往往会导致企业面临严重的法律风险和经济损失。一旦企业被查处偷税漏税等税务违法行为，将面临罚款、税收滞纳金等处罚，严重的甚至可能导致企业的倒闭和破产。企业可以有效降低税务风险，保障企业的稳健发展。税务合规性有助于提升企业的竞争力。

二、销售管理中的法律风险

（一）产品责任

如果销售的产品存在质量问题或安全隐患，不仅可能会导致消费者受伤或财产损失，还会引发产品责任纠纷和法律诉讼，对企业的声誉和财务状况造成严重影响。因此，销售管理必须采取有效措施，确保所销售的产品质量安全，最大限度地降低产品责任风险。产品责任法律风险对企业的影响是多方面的。一旦销售的产品存在质量问题或安全隐患，可能导致消费者受伤或财产损失，进而引发消费者向企业提起索赔。如果企业不能有效应对，可能面临巨额赔偿费用、法律诉讼费用以及因声誉受损而导致的销售额下降等风险。此外，如果产品质量问题或安全隐患涉及违反相关法律法规，企业还可能面临政府部门的处罚和监管。

销售管理需要重视产品质量和安全。为了降低产品责任风险，销售管理应当确保所销售的产品符合相关质量和安全标准，采取有效措施确保产品的质量和安全性。这包括但不限于加强对供应商的管理和监督，建立健全的产品质量控制体系，加强对产品的质量检测和测试，及时发现和解决产品质量问题和安全隐患，确保产品符合相关法律法规和标准要求。销售管理需要建立完善的产品责任管理制度。为了有效管理产品责任风险，销售管理应当建立完善的产品责任管理制度，明确责任分工和工作流程，规范产品质量控制和安全管理的各项工作，加强对产品质量和安全的监督和检查，及时发现和处理产品质量问题和安全隐患。销售管理需要加强对产品责任法律法规的了解和遵守。为了避免因产品责任法律风险而导致的法律纠纷和诉讼，销售管理应当加强对产品责任法律法规的了解和遵守，确保销售活动的合法性和合规性，遵守相关法律法规和标准要求，规范产品销售行为，保障企业的合法权益和声誉。

（二）虚假宣传

1. 触犯广告法规定

虚假宣传在销售管理中是一个严重的法律风险，它可能导致企业面临严重的法律后果，损害企业的声誉和信誉。[①] 因此，销售管理必须高度重视虚假宣传问题，采取有效措施确保销售活动的合法性和合规性，最大限度地降低虚假宣传的法律风险。虚假宣传可能触犯《中华人民共和国广告法》规定，面临处罚和赔偿责任。根据《中华人民共和国广告法》的规定，虚假宣传、夸大广告或误导性陈述都是违法行为，将会受到相关部门的处罚。这包括但不限于责令停止广告、罚款、吊销广告许可证等处罚措施。此外，受害消费者还可以向法院提起诉讼，要求企业承担赔偿责任，赔偿因虚假宣传造成的损失。

2. 企业的声誉和信誉受损

一旦企业因虚假宣传而被曝光或受到投诉，将会受到舆论的谴责，企业的形象和信誉将会受到严重损害，对企业的经营和发展造成不良影响。虚假宣传可能导致销售业绩下滑。虚假宣传往往会给消费者造成误导，导致消费者对产品和服务的信任降低，从而影响到销售业绩。一旦消费者发现企业的宣传内容与实际情况不符，将会失去对

---

① 李萌. 退货产品再销售渠道选择与定价研究［D］. 苏州：江苏大学，2019.

企业的信任和支持，影响到企业的销售业绩和市场地位。虚假宣传还可能引发消费者的维权行动。一旦消费者发现企业存在虚假宣传行为，他们往往会采取维权行动，要求企业承担相应的法律责任和赔偿责任。这不仅会增加企业的法律风险，还会导致企业面临诉讼费用和赔偿费用等经济损失。

（三）价格欺诈

价格欺诈是销售管理中的一个严重法律风险，它可能导致企业面临行政处罚、民事赔偿等责任，甚至影响到企业的经营和声誉。因此，销售管理必须高度重视价格欺诈问题，最大限度地降低价格欺诈的法律风险。价格欺诈可能触犯价格法规定，面临行政处罚和民事赔偿责任。根据《中华人民共和国价格法》的规定，价格欺诈包括虚假降价、捆绑销售、不正当价格竞争等行为，都是违法行为，将会受到相关部门的处罚。行政处罚可能包括但不限于责令停止违法行为、罚款、吊销经营许可证等处罚措施。

价格欺诈可能导致企业的声誉和信誉受损。企业的声誉和信誉是其长期发展的重要基础。价格欺诈可能导致消费者权益受损。价格欺诈往往会使消费者误以为产品价格具有虚假的折扣或优惠，从而导致消费者的权益受损。价格欺诈还可能引发行业竞争的不正当竞争行为。价格欺诈行为往往会影响到行业的竞争秩序和公平性，导致行业竞争的不正常和不健康。一旦企业被发现存在价格欺诈行为，不仅会受到相关部门的处罚，还会面临行业竞争的谴责和排斥，给企业的发展带来阻碍。

参考文献

[1] 庞亮.企业销售管理存在的问题及对策[J].科技风，2020(02)：194.

[2] 李洋.销售人员培训的重要性[J].中外企业家，2019(31)：88.

[3] 施百泉.销售管理工作中的激励原则和措施的探析[J].商讯，2019(06)：185.

[4] 曾庆峰.销售团队建设在企业中的重要作用分析[J].东方企业文化，2023(S2)：74-76.

[5] 张蔓蔓.浅议销售团队培训体系的模式创新[J].现代商业，2022(03)：69-71.

[6] 戈军珍.如何破局销售团队建设难题[J].北方牧业，2022(05)：30.

[7] 王文通，田丽，王杏坛.销售团队激励的原则与手段探析[J].作家天地，2019(11)：44+49.

[8] 李华.企业销售人员培训的难点和应对策略[J].经营管理者，2024(03)：74-75.

[9] 吴松林.企业销售人员培训问题优化研究[J].全国流通经济，2023(18)：147-150.

[10] 李炘翼.苹果销售网络建设的若干思考[J].中国产经，2021(06)：52-54.

[11] 李伊伯，侯星宇.销售人员绩效管理体系的建构及完善建议[J].企业导报，2015(18)：53+61.

[12] 汪阳洁，黄浩通，强宏杰，等.交易成本、销售渠道选择与农产品电子商务发展[J].经济研究，2022，57(08)：116-136.

[13] 李会彦.销售冠军是如何炼成的[J].销售与市场(管理版)，2020(06)：98-99.

[14] 以退为进，销售谈判中的六个让步技巧[J].北方牧业，2018(21)：32.

[15] 销售谈判中的"让步"技巧[J].北方牧业，2015(09)：33.

[16] 田宛毅.销售人员应具备的沟通技巧[J].现代营销(经营版)，2019(04)：145

[17] 赵伟晶.微信朋友圈正能量销售技巧探究[J].吉林广播电视大学学报，2018(08)：135-136.

[18] 李淑梅，桑璐.新经济下企业分销渠道选择与管理[J].合作经济与科技，2021

（19）：88-89.

[19] 童庆飞，明新国，张先燏.企业数字化转型及营销体系研究[J].科技创新与应用，2024，14(12)：90-95.

[20] 李萌.退货产品再销售渠道选择与定价研究[D].苏州：江苏大学，2019.